财务管理与成本控制研究

葛翰鹏　杨　博　高艺洋◎著

中国出版集团　现代出版社

图书在版编目（CIP）数据

财务管理与成本控制研究 / 葛翰鹏，杨博，高艺洋著. -- 北京 : 现代出版社，2023.7
ISBN 978-7-5231-0384-5

Ⅰ. ①财… Ⅱ. ①葛… ②杨… ③高… Ⅲ. ①企业管理—财务管理—研究②企业管理—成本控制—研究 Ⅳ. ①F275

中国国家版本馆CIP数据核字(2023)第107944号

财务管理与成本控制研究

作　　者	葛翰鹏　杨　博　高艺洋
责任编辑	田静华
出版发行	现代出版社
地　　址	北京市朝阳区安外安华里504号
邮　　编	100011
电　　话	010-64267325　64245264(传真)
网　　址	www.1980xd.com
电子邮箱	xiandai@ cnpitc.com.cn
印　　刷	北京四海锦诚印刷技术有限公司
版　　次	2023年7月第1版　2023年7月第1次印刷
开　　本	185 mm×260 mm　1/16
印　　张	10.5
字　　数	246千字
书　　号	ISBN 978-7-5231-0384-5
定　　价	58.00元

前　言

企业通过财务管理能获取信息助力决策、防范风险稳定发展、聚合力量强化竞争、战略推进效益提升。可以说，财务管理工作涉及企业管理的方方面面，是企业管理的核心工作。财务管理作为把控企业运行的关键，其管理成效对经营目标的实现有着重要影响。另外，成本控制的开展，可助力财务管理发挥其应有的价值与作用。因此，财务管理与成本控制工作对企业来说相当重要，企业需要做好相关工作。

基于此，本书以“财务管理与成本控制研究”为主题结构全书，全书共设置六章：第一章阐述财务管理及其体制、财务管理的目标与环境、财务管理的环节与方法；第二章分析筹资与投资活动管理、预算与营运资金管理、收入与利润分配管理；第三章讨论财务管理集权型模式、分权型模式、混合型模式以及财务管理中的财务分析；第四章探讨成本与成本管理的认知、成本控制及其对财务管理的重要性、成本控制的方向与责任落实；第五章论述成本费用的归集和分配，成本核算的品种法、分批法和分步法；第六章通过作业成本管理及其评价、战略成本管理及其制度维护、环境成本管理及其业绩评价、质量成本管理及其控制分析，探讨成本的分类管理与控制；第七章重点探究财务共享服务平台建设、大数据背景下财务管理的创新发展、信息化时代企业加强成本控制的对策。

全书结构层次严谨，条理清晰分明，从财务管理相关的基础理论入手，拓展到企业财务成本控制，兼具理论与实践价值，对企业财务管理与会计工作创新发展具有十分重要的理论价值和现实意义。

笔者在撰写本书的过程中，得到了许多专家学者的帮助和指导，在此表示诚挚的谢意。由于笔者水平有限，加之时间仓促，书中所涉及的内容难免有疏漏之处，希望各位读者多提宝贵意见，以便笔者进一步修改，使之更加完善。

目　录

第一章　财务管理基础……1

第一节　财务管理及其体制……1

第二节　财务管理的目标与环境……11

第三节　财务管理的环节与方法……22

第二章　财务管理的内容维度研究……28

第一节　筹资与投资活动管理……28

第二节　预算与营运资金管理……48

第三节　收入与利润分配管理……58

第三章　财务管理模式与财务分析……71

第一节　财务管理集权型模式……71

第二节　财务管理分权型模式……73

第三节　财务管理混合型模式……76

第四节　财务管理中的财务分析……79

第四章　成本控制的原理与体系……82

第一节　成本与成本管理的认知……82

第二节　成本控制及其对财务管理的重要性……89

第三节　成本控制的方向与责任落实……105

第五章　成本的归集与核算方法 109

第一节　成本费用的归集和分配 109

第二节　成本核算的品种法 117

第三节　成本核算的分批法 119

第四节　成本核算的分步法 121

第六章　成本的分类管理与控制 123

第一节　作业成本管理及其评价 123

第二节　战略成本管理及其制度维护 128

第三节　环境成本管理及其业绩评价 138

第四节　质量成本管理及其控制分析 143

第七章　财务管理与成本控制的创新发展探索 150

第一节　财务共享服务平台建设 150

第二节　大数据背景下财务管理的创新发展 152

第三节　信息化时代企业加强成本控制的对策 156

参考文献 159

第一章　财务管理基础

第一节　财务管理及其体制

财务管理是企业管理的一部分，企业财务管理是组织企业财务活动，处理财务关系的一项综合性的经济管理工作。“现代企业财务的本质是资金运动背后的各财务主体之间的财务关系，各种财务关系之间是不断变动调整的。”[①] 企业要想在充满竞争的环境中生存、发展、获利，就必须加强企业的财务管理。实践表明，财务管理是企业管理的中心。一个企业所做的每一个决定都有其财务上的含义，而任何一个对企业财务状况产生影响的决定就是该企业的财务决策。

一、财务与财务管理的定义

（一）财务的定义

财务源于公有财产日渐稀少，私有财产观念萌芽的出现，是伴随着商品货币的产生而产生，并随着市场经济的发展而发展的重要经济范畴。

“财务”一词 19 世纪从西方引入我国，财务是组织财务活动处理财务关系的统称。企业财务是企业在再生产过程中客观存在的企业财务活动及其所体现的经济利益关系的总称。财务活动是通过资金运动体现出来的，它的基本构成要素是投入和运用着的企业资金。资金是财产物资价值的货币表现（包括货币本身）。资金要素能反映运动着的价值，其实质是在生产过程中运动着的价值。

资金的特点包括：①垫支性。即预付性，资金首先表现为资本的垫支，垫支是交换并实现价值形态转化的前提，资金的垫支性赋予了对资本保值的要求。②物质性。资金以资产为价值载体，资产是企业的生产经营要素，要求资金在各种资产形态中同时存在并合理分布。③增值性。资金循环与周转的根本目的是价值增值，资本增值是资本所有权对资本使用权的根本要求。④周转性。资金必须通过运动才能增值，资金的运动过程就是资本价值形态的转换过程，这就要求保持资金形态的依次继起和流动性。⑤独立性。价值是资金运动的主体，资金的独立性意味着企业资金运动有一个完整的运动过程，可能会脱离企业物资运动而相对独立存在并运行。

在市场经济条件下，产品依然是使用价值和价值的统一体。企业再生产过程通常具有

① 杨乐兴 . 基于要素资本理论的企业财务关系研究 [J]. 会计之友，2013（7）：14.

两重性，它既是使用价值的生产和交换过程，又是价值的形成和实现过程。在这个过程中，劳动者将生产中消耗掉的生产资料的价值转移到产品中去，并创造出新的价值，通过实物商品的出售，使转移价值和新创造的价值得以实现。一切经过劳动加工创造出来的物质资源都具有一定的价值，它既包括物化劳动耗费的货币表现，又包括活劳动耗费的货币表现。

在再生产过程中，物质资源价值的货币表现就是资金，企业在从事生产经营活动的同时，客观上必然存在着资金及其资金运动。企业的目标就是要不断创造价值。在价值创造的过程中，存在着两种不同性质的资金运动：一种是以实物商品为对象的实物商品资金运动。在企业的商品资金运动过程中，现金资产转化为非现金资产，非现金资产转化为现金资产，这种周而复始的流转过程无始无终、不断循环，形成实物商品的资金运动。另一种是以金融商品为对象的金融商品运动。金融商品可狭义地理解为各种能在金融市场反复买卖，并有市场价格的有价证券。企业买卖金融商品的过程是不断进行、周而复始的，从而形成金融商品的资金运动。在企业的实物商品与金融商品的资金运动过程中，必然体现为一种价值运动，这种价值运动称为资金运动。

（二）财务管理的定义

财务管理是企业组织财务活动、处理财务关系的一项经济管理工作。企业财务管理是公司管理的一个重要组成部分，是社会经济发展到一定阶段的产物。

财务按照财务活动的不同层面可以分为三大领域：①宏观领域中通过政府财政和金融市场进行的现金资源的配置，现金资源的财政配置属于财政学的范畴，现金资源的市场配置通过金融市场和金融中介来完成；②中观层面上的现金资源再配置，表现为现金资源的所有者的投资行为，属于投资学的范畴，投资学研究投资目的、投资工具、投资对象、投资策略等问题，投资机构为投资者提供投资分析、投资咨询、投资组合、代理投资等服务；③微观层面上的企业筹集、配置、运用现金资源开展营利性的经济活动，为企业创造价值并对创造的价值进行合理分配，形成企业的财务管理活动。

财务管理是基于企业生产经营过程中客观存在的财务活动和财务关系而产生的，它是利用价值形式对企业生产经营过程进行的管理，是企业组织财务活动、处理财务关系的一项综合性的经济管理工作。财务管理工作内容复杂，只要有资金运动，就必然涉及财务管理的范畴。

财务管理集中于企业如何才能创造并保持价值，以达到既定的经营目标。企业的财务管理人员从资本市场为企业筹集资金，并把这些资金投入企业决定经营的项目中，变成企业的实物资产。通过有效的生产和经营，企业获得净现金流入量，并把其中一部分作为投资回报分给股东和债权人，而另一部分留给企业用于再投资，同时企业还要完成为国家缴纳税款的义务。资金在金融市场和企业之间的转换和流动正是财务管理所起的作用。在高度不确定的市场环境中，财务管理已成为现代企业经营管理的核心，关系到企业的生存和发展。财务管理人员只有把企业的筹资、投资和收益分配等决策做好，企业才能实现资产增值的最大化，才能有较强的生存和发展潜能。否则，企业将陷入财务困境，甚至有破产的风险。

1. 财务活动

财务活动是以现金收支为主的企业资金收支活动的总称，具体表现为企业在资金的筹集、投资及利润分配活动中引起的资金流入及流出。

（1）企业筹资引起的财务活动。企业从事经营活动，必须有资金。资金的取得是企业生存和发展的前提条件，也是资金运动和资本运作的起点。企业可以通过借款、发行股票等方式筹集资金，表现为企业的资金的流入。企业偿还借款、支付利息、股利以及付出各种筹资费用等，则表现为企业资金的流出。这些因为资金筹集而产生的资金收支，便是由企业筹资引起的财务活动。

企业需要多少资金、资金从哪里来、以什么方式取得、资金的成本是多少、风险是否可控等一系列问题需要财务人员去解决。财务人员面对这些问题时，一方面要保证筹集的资金能满足企业经营与投资的需要；另一方面还要使筹资风险在企业的掌握之中，以免企业以后由于无法偿还债务而陷入破产境地。

（2）投资引起的财务活动。企业筹集到资金以后，使用这些资金以获取更多的价值增值，其活动即为投资活动，相应产生的资金收支便是由企业投资引起的财务活动。

投资活动包括对内投资及对外投资。对内投资主要是使用资金以购买原材料、机器设备、人力、知识产权等资产，自行组织经济活动方式获取经济收益。对外投资是使用资金购买其他企业的股票、债券或与其他企业联营等方式获取经济收益。

对内投资中，公司用于添置设备、厂房、无形资产等非流动资产的对内投资由于回收期较长，又称对内长期投资。对内长期投资通常形成企业的生产运营环境，形成企业经营的基础。企业必须利用这些生产运营环境，进行日常生产运营，组织生产产品或提供劳务，并最终将所生产的产品或劳务变现方能收回投资。日常生产运营活动也是一种对内投资活动，这些投资活动主要形成了应收账款、存货等流动资产，资金回收期较短，故又被称为对内短期投资。

企业有哪些方案可以备选投资、投资的风险是否可接受、有限的资金如何尽可能有效地投放到最大报酬的项目上是财务人员在这类财务活动中要考虑的主要问题。财务人员面对这些问题时，一方面要注意将有限的资金尽可能加以有效的使用以提高投资效益，另一方面要注意投资风险与投资收益之间的权衡。

（3）企业利润分配引起的财务活动。从资金的来源看，企业的资金分为权益资本和债务资本两种。企业利用这两类资金进行投资运营，实现价值增值。这个价值增值扣除债务资本的报酬，即利息之后若还有盈余，即为企业利润总额。我国相关法律法规规定企业实现的利润应依法缴纳企业所得税，缴纳所得税后的利润为税后利润，又称为净利润。企业税后利润还要按照法律规定按一定的顺序进行分配：①弥补企业以前年度亏损；②提取盈余公积；③提取公益金，用于支付职工福利设施的支出；④向企业所有者分配利润。这些活动即为利润分配引起的财务活动。

利润分配活动中尤为重要的是向企业所有者分配利润。企业需要制定合理的利润分配政策，相关政策既要考虑所有者近期利益的要求，又要考虑企业的长远发展，留下一定的利润用作扩大再生产。

财务活动的不同方面不是相互割裂、互不相关的，而是相互联系、互相依存的。因此，合理地组织这些财务活动即构成了财务管理的基本内容，即筹资管理、投资管理及利润分配的管理三个方面。

2. 财务关系

企业在组织财务活动的过程中与其利益相关者之间发生的经济关系即为企业财务关系。在企业发展过程中，离不开各种利益相关者的投入或参与，比如股东、政府、债权人、雇员、消费者、供应商，甚至是社区居民。他们是企业的资源，对企业生产经营活动能产生重大影响。企业要照顾到各利益相关者的利益才能使企业的生产经营进入良性循环状态。

（1）企业与其所有者之间的财务关系。企业的所有者是指向企业投入股权资本的单位或个人。企业的所有者必须按投资合同、协议、章程等的约定履行出资义务，及时提供企业生产经营必需的资金；企业利用所有者投入的资金组织运营，实现利润后，按出资比例或合同、章程的规定，向其所有者分配利润。企业同其所有者之间的财务关系体现着所有权的性质，反映着经营权和所有权的关系。

（2）企业与其债权人之间的财务关系。企业除利用所有者投入的资本金进行经营活动外，还会向债权人融入一定数量的资金以补充资本金的不足或降低成本企业资本成本。企业债权人是指那些对企业提供需偿还的资金的单位和个人，包括贷款债权人和商业债权人。贷款债权人是指给企业提供贷款的单位或个人；商业债权人是指以出售货物或劳务的形式提供短期融资的单位或个人。企业利用债权人的资金后，对贷款债权人，要按约定还本付息；对商业债权人，要按约定时间支付本金，若约定有利息的，还应按约定支付利息。企业同其债权人之间体现的是债务与债权的关系。

（3）企业与其受资者之间的财务关系。企业投资除了对内投资以外，还会以购买股票或直接投资的形式向其他企业投出股权资金。企业按约定履行出资义务，不直接参与被投资企业的经营管理，但是按出资比例参与被投资企业的利润及剩余财产的分配。被投资企业即为受资者，企业同其受资者之间的财务关系体现的是所有权与经营权的关系。

（4）企业与其债务人之间的财务关系。企业经营过程中，可能会有闲置资金，为有效利用资金，企业会去购买其他企业的债券或向其他企业提供借款以获取更多的利息收益。在激烈的市场竞争环境下，企业会采用赊销方式促进销售，形成应收账款，这实质上相当于企业借给购货企业一笔资金。这两种情况下，借出资金的企业为债权人，接受资金的企业即为债务人。企业将资金借出后，有权要求其债务人按约定的条件支付利息和归还本金。企业同其债务人的关系体现的是债权与债务关系。

（5）企业与国家之间的财务关系。国家作为社会管理者，担负着维护社会正常秩序、保卫国家安全、组织和管理社会活动等任务。国家为企业生产经营活动提供公平竞争的经营环境和公共设施等条件，为此所发生的费用须由受益企业承担。企业承担这些费用的主要形式是向国家缴纳税金。依法纳税是企业必须承担的经济责任和义务，以确保国家财政收入的实现；国家秉承着“取之于民、用之于民”的原则，将所征收的税金用于社会各方面的需要。企业与税务机关之间的关系反映的是依法纳税和依法征税的义务与权利的关系。

（6）企业内部各单位之间的财务关系。企业是一个系统，各部门之间通力合作，共同为企业创造价值。因此各部门之间的关系是否协调，直接影响企业的发展和经济效益的提高。企业目前普遍实行内部经济核算制度，划分若干责任中心、分级管理。企业为了准确核算各部门的经营业绩，合理奖惩，各部门间相互提供产品和劳务要进行内部结算，由此而产生了资金内部的收付活动。企业内部各单位之间的财务关系实质上体现的是在劳动成果上的内部分配关系。

（7）企业与员工之间的财务关系。员工是企业的第一资源，员工又得依靠企业而生存，两者相互依存。正确处理好公司与员工之间的关系，对一个公司的发展尤为重要，也是一个公司发展壮大的不竭动力。员工为企业创造价值，企业将员工创造的价值的一部分根据员工的业绩作为报酬（包括工资薪金、各种福利费用）支付给员工。企业与员工之间的财务关系实质上体现的也是在劳动成果上的分配关系。

二、企业财务管理体制

企业财务管理体制是规范企业财务行为、协调企业同各方面财务关系，明确企业各财务层级的财务权限、责任和利益的制度。企业财务管理体制的核心问题是如何配置企业的财务管理权限，企业财务管理体制决定着企业财务管理的运行机制和实施模式。但不同的企业组织形式意味着需要选择不同的企业财务管理体制，决定着企业的财务结构、财务关系、财务风险和所采用的财务管理方式的差异。因此，企业财务管理体制必须立足于企业的组织形式。

（一）企业组织的一般形式

企业是一种以盈利为目的的经济实体。它的产生、发展和壮大，无不围绕着获取经济利益；企业又是一系列契约的集合，它受各种契约约束和规范，反映了多种相关者的利益及其均衡；企业也是一个按科层制建立起来的多层级的有序组织，它需要按一定的组织形式和制度加以制衡。典型的企业组织形式分为三种：个人独资企业、合伙企业以及公司制企业。

1. 个人独资企业

个人独资企业是有一个自然人投资，财产为投资人个人所有，投资人以其个人财产对企业债务承担无限责任的经营实体。这是最原始、最简单的企业组织，其所有者和经营者合为一体。由单个自然人独自出资、独资经营、独自享受权益、独自承担经营责任的企业，一般规模都很小，其组织结构也十分简单，几乎没有任何内部管理机构。

个人独资企业的优点主要有：①创立容易。由于企业主个人对企业的债务承担无限责任，法律对这类企业的管理就比较宽松，设立企业的条件不高，程序简单方便，不需要与他人协商并取得一致，只需要很少的注册资金等。②维持个人独资企业的固定成本较低。所有者和经营者合为一体，政府对其监管较少，对其规模也没有什么限制，企业经营方式灵活，财务决策迅速，内部协调也比较容易。③不需要缴纳企业所得税。其收益与个人所得合计缴纳个人所得税。如有亏损则从个人所得中予以扣除，法律对其约束较少。

多数个人独资企业的规模较小，抵御经济衰退和承担经营损失的能力不强，其平均存续年限较短，容易因个人寿命原因使企业终止。有一部分个人独资企业能发展壮大，规模扩大后会发现其固有的缺点日益被放大，于是转变为合伙企业或公司制企业。

2. 合伙企业

合伙企业是由合伙人订立合伙协议，共同出资，合伙经营，共享收益，共担风险，并对合伙债务承担无限连带责任的营利性组织。通常合伙人是由两个或两个以上的自然人构成的，有时也包括法人和其他组织。除业主不止一个外，合伙企业其他方面均类似于独资企业。特别是当合伙企业破产时，一个合伙人无能力偿还自身应分担的债务时，其他合伙人要负连带责任。合伙企业同样不缴纳企业所得税，而将收入分给各合伙人，由他们各自缴纳个人所得税。

合伙企业的优点主要有：①所有者和经营者合为一体，有利于提高决策和管理水平。每个合伙人既是合伙企业的所有者，又是合伙企业的经营者，这样就可以发挥每个人的专长，提高合伙企业的决策水平和管理水平。②企业筹资规模、筹资能力均较独资企业大，承担风险的能力也较强。由于可以由众多的人共同筹措资金，提高了筹资能力，扩大了企业规模，同时也由于各合伙人负责偿还债务，降低了向合伙企业提供贷款的机构的风险，有利于合伙企业取得贷款。③由于承担无限责任，有助于增强合伙人的责任心。由于合伙人对合伙企业的债务承担无限连带责任，因而有利于增强合伙人的责任心，提高合伙企业的信誉。

法律规定合伙企业的每个合伙人对企业债务须承担无限连带责任。每一个合伙人都有可能因偿还企业债务而失去其原始投资以外的个人财产。如果一个合伙人没有能力偿还其应分担的债务，其他合伙人须承担连带责任，即有责任替其偿还债务。法律还规定合伙人转让其所有权时需要取得其他合伙人的同意，有时甚至还需要修改合伙协议。因此，其所有权的转让比较困难。

3. 公司制企业

公司制企业主要是由若干个投资者出资，依法设立、独立运作的法人组织。其所有者一旦投资，资金即与其分离，而由企业的经营者统一经营管理。公司制企业可以分为无限责任公司、有限责任公司、两合公司、股份有限公司等。任何依据公司法登记的机构都被称为公司。各国的公司法差异较大，公司的具体形式并不完全相同，但它们的共同特点均是经政府注册的营利性法人组织，并且独立于所有者和经营者之外，是具有法人资格的独立经济组织。

公司制企业的主要特点有：①独立的法人实体。公司一经宣告成立，法律即赋予其独立的法人地位，具有法人资格，能以公司的名义从事经营活动，享有权利，承担义务，从而使公司在市场上成为竞争的主体。②具有无限的存续期。股东投入的资本长期归公司支配，股东无权从公司中抽回投资，只能通过转让其拥有的股份收回投资，这种资本的长期稳定性决定了公司只要不解散或破产，就能够独立于股东而持续、无限期地存在下去，有利于企业实现战略管理。③股东承担有限责任。公司一旦出现债务责任，股东将以其出资额为限对公司的债务承担有限责任，这就为股东分散了投资风险，从而有利于吸引社会潜在的资金，扩大企业规模。④所有权和经营权分离。公司的所有权属于全体股东，经营权委托专业的经营者负责管理，管理的专门化有利于提高公司的经营能力。⑤筹资渠道多元化。股份有限公司可以通过资本市场发行股票或发行债券募集资金，有利于企业的资本扩张和规模扩大。

公司制企业的优点主要有：①无限存续。一个公司在最初的所有者和经营者退出后仍然可以存在。②容易转让所有权。公司的所有者权益被划分为若干股权份额，每个份额可以单独转让，无须经过其他股东同意。③有限债务责任。公司债务是法人的债务，不是所有者的债务，所有者的债务责任以其出资额为限。

在不同的企业组织形式中，一般认为公司制企业组织形式是最好的选择。主要是基于公司制企业在经营规模、筹资潜能、风险承担、公司治理以及组织机构的设置等方面有着独特的优势，被公认为一种具有良好管理和治理效能、能规范经营者合法运作和管理的企业组织形式。公司制企业较之个人独资企业与合伙企业更容易在资本市场上筹集到资金，而有限债务责任和公司的无限存续，降低了投资者的投资风险；所有权的便于转让，又提高了投资人资产的流动性，所以，促使投资人愿意把资金投入公司制企业。

（二）财务管理体制的原则

一个企业如何选择适应自身需要的财务管理体制，如何在不同的发展阶段更新财务管理模式，是企业管理中的一个重要问题。财务管理体制的设定或变更应遵循以下三项原则。

1. 与现代企业制度的要求相适应

现代企业制度是一种产权制度，它是以产权为依托，对各种经济主体在产权关系中的权利、责任、义务进行合理有效的组织、调节的制度安排，它具有“产权清晰、责任明确、政企分开、管理科学”的特征。

企业内部相互之间关系的处理应以产权制度安排为基本依据。企业作为各所属单位的股东，根据产权关系享有作为终极股东的基本权利，特别是对所属单位资产的受益权、管理者的选择权、重大事项的决策权等。

但是，企业各所属单位往往不是企业的分支机构或分公司，其经营权是其行使民事责任的基本保障，企业以自己的经营与资产对其盈亏负责。企业与各所属单位之间的产权关系确认了两个不同主体的存在，这是现代企业制度特别是现代企业产权制度的根本要求。按现代企业制度的要求，企业的财务管理体制必须以产权管理为核心，以财务管理为主线，以财务制度为依据，体现现代企业制度特别是现代企业产权制度管理的思想。

2. 明确企业对各所属单位管理中的决策权、执行权与监督权

现代企业要做到管理科学，必须要求在决策与管理程序上做到科学、民主，因此，决策权、执行权与监督权三权分立的制度必不可少。这一管理原则的作用就在于加强决策的科学性与民主性，强化决策执行的刚性和可考核性，强化监管的独立性和公正性，从而形成良性循环。

3. 明确财务综合管理和分层管理思想

现代企业制度要求管理是一种综合性管理、战略管理，因此，企业财务管理并不是企业总部财务部门单一职能部门的财务管理，当然也不是各所属单位财务部门的财务管理，它是一种战略管理。这种管理要求：①从企业整体角度对企业的财务战略进行定位；②对企业的财务管理行为进行统一规范，做到高层的决策结果能被低层战略经营单位完全执行；③以制度管理代替个人的行为管理，从而保证企业管理的连续性；④以现代企业财务分层管理思想指导具体的管理实践。

（三）常用财务管理体制的内容

我国企业一般采用集权与分权相结合型财务管理体制，其核心内容是企业总部应做到制度统一、资金集中、信息集成和人员委派。具体内容是应集中制度制定权，集中筹资、

融资权，集中投资权，集中用资、担保权，集中固定资产购置权，集中财务机构设置权，集中收益分配权；分散经营自主权、人员管理权、业务定价权。

1. 集中制度制定权

企业总部根据国家法律、法规的要求，结合企业自身的实际情况和发展战略、管理需要，制定统一的财务管理制度，在企业范围内统一实行。各所属单位只有制度执行权，而无制度制定和解释权。单个所属单位可以根据自身需要制定实施细则和补充规定。

2. 集中筹资、融资权

资金筹集是企业资金运动的起点，为使企业内部筹资风险最小，筹资成本最低，应由企业总部统一筹集资金，各所属单位有偿使用。如需银行贷款，可由企业总部办理贷款总额，各所属单位分别办理贷款手续，按规定自行付息；如需发行短期商业票据，企业总部应充分考虑企业资金占用情况，并注意到期日存款项，不要因为票据到期不能兑现而影响企业信誉；如需利用海外兵团筹集外资时，应统一由企业总部根据国家现行政策办理相关手续，并严格审核贷款合同条款，注意汇率及利率变动因素，防止出现损失。

企业总部对各所属单位追踪审查现金使用情况，具体做法是各所属单位按规定时间向企业总部上报“现金流量表”，动态地描述各所属单位现金增减状况和分析各所属单位资金存量是否合理。如有部分所属单位资金存量过多、运用不畅，而其他所属单位又急需资金时，企业总部可调动资金，并应支付利息。企业内部应严禁各所属单位之间放贷，如需临时拆借资金，超出规定金额，应报企业总部批准。

3. 集中投资权

企业对外投资必须遵守的原则为效益性、分散风险性、安全性、整体性及合理性。无论企业总部还是各所属单位的对外投资都必须经过立项、可行性研究、论证、决策的过程，其间除专业人员外，必须有财务人员参加。财务人员应会同有关专业人员，通过仔细调查了解，开展可行性分析，预测今后若干年内市场变化趋势及可能发生风险的概率、投资该项目的建设期、投资回收期、投资回报率等，写出财务报告，报送领导参考。

为保证投资效益实现，分散及减少投资风险，企业内对外投资可实行限额管理，超过限额的投资其决策权属于企业总部。被投资项目一经批准确立，财务部门应协助有关部门对项目进行跟踪管理，发现与可行性报告有偏差，应及时报有关部门予以纠正。对投资效益不能达到预期目的的项目应及时清理解决，并应追究有关人员的责任。同时应完善投资管理，企业可根据自身特点建立一套具有可操作性的财务考核指标体系，规避财务风险。

4. 集中用资、担保权

企业总部应加强资金使用安全性的管理，对大额资金拨付要严格监督，建立审批手续，并应该严格执行。各所属单位财务状况的好坏关系到企业所投资本的保值和增值问题，同时各所属单位因资金受阻导致获利能力下降，会降低企业的投资回报率。因此，各所属单位用于经营项目的资金，要按照经营规划范围使用，用于资本项目上的资金支付，应履行企业规定的报批手续。企业内部对外担保权应归企业总部管理，未经批准，各所属单位不得为外单位提供担保，企业内部各所属单位相互担保应经企业总部同意。企业总部为各所属单位提供担保应制定相应的审批程序，可由各所属单位与银行签订贷款协议，企业总部为各所属单位做贷款担保，同时要求各所属单位向企业总部提供“反担保”，保证资金的使用合理及按时归还，使贷款得到监控。

5. 集中固定资产购置权

各所属单位需要购置固定资产必须说明理由，提出申请报企业总部审批，经批准后方可购置。各所属单位资金不得自行用于资本性支出。

6. 集中财务机构设置权

各所属单位财务机构设置必须报企业总部批准，财务人员由企业总部统一招聘，财务负责人或财务主管人员由企业总部统一委派。

7. 集中收益分配权

企业内部应该统一收益分配制度，各所属单位应客观、真实、及时地反映其财务状况及经营成果。各所属单位收益的分配，属于法律、法规明确规定的按规定分配，剩余部分由企业总部本着长远利益与现实利益相结合的原则，确定分流比例。各所属单位留存的收益原则上可自行分配，但应报企业总部备案。

8. 分散经营自主权

各所属单位负责人主持本企业的生产经营管理工作，组织实施年度经营管理工作，组织实施年度经营计划，决定生产和销售，研究和考虑市场周围的环境，了解和注意同行业的经营情况和战略措施，按所规定时间向企业总部汇报生产管理工作情况。对突发的重大事件，要及时向企业总部汇报。

9. 分散人员管理权

各所属单位负责人有权任免下属管理人员，有权决定员工的聘用与辞退，企业总部原则上不应干预，但其财务主管人员的任免应报经企业总部批准或由企业总部统一委派。一般财务人员必须获得上岗证，才能从事财会工作。

10. 分散业务定价权

各所属单位所经营的业务均不相同，因此，业务的定价应由各所属单位经营部门自行拟定，但必须遵循加速资金周转、保证经营质量、提高经济效益的原则。

第二节　财务管理的目标与环境

一、财务管理的目标

“目标是行为的指引，企业在发展的过程中，一定要根据环境的变化和自身特征的调整来制定和设计有效的财务管理目标和战略，这样才能满足企业在不同生命周期的要求。”[①] 目标是系统运行所希望实现的结果，其具有导向、激励、凝聚及考核作用，正确的目标是系统良性循环的前提。企业财务管理目标对企业财务管理系统的运行也具有同样的意义，是评价企业理财活动是否合理的基本标准，是财务管理实践中进行财务决策的出发点以及归宿。目标就是导向和标准。任何一种组织的存在都有其目的性，企业依法从事生产经营活动，必然有自身的经营目标和发展方向，企业的目标就是创造价值。

企业财务管理的目标就是为企业创造价值服务，即在特定的理财环境中，通过组织财务活动，处理财务关系所要达到的目的。企业财务管理目标是评价企业理财活动是否合理有效的基本标准，是企业财务管理工作的行为导向，是财务人员工作实践的出发点和归宿。

从根本上说，财务管理的目标取决于企业的目标，所以财务管理的目标和企业的目标是一致的。企业的目标可概括为生存、发展和获利。不同的企业目标对企业财务管理的要求也不同。生存目标对企业财务管理的要求是，力求保持以收抵支和偿还到期债务的能力，减少破产的风险，使企业能长期、稳定地生存下去；发展目标对企业财务管理的要求是，筹集企业发展所需要的资金；获利目标对企业财务管理的要求是，对企业正常经营产生的和从外部获得的资金进行有效的利用。

随着财务经济学的发展和企业管理实践的变革，企业财务管理的目标也在不断演化，经历了从利润最大化、每股盈余最大化、股东财富最大化再到企业价值最大化的演变过程。近年来，理论界又提出了相关利益者最大化的观点。

财务目标具有层次性，其可以按一定标准划分为整体财务目标、分步财务目标及具体财务目标三类不同的层次。

整体财务目标又称总财务目标，是一段时期内公司全部财务管理活动应实现的根本目标。整体财务目标比较笼统，必须将其进行逐步分层分解，制定更为细致、更具可操作性的目标。将各层次目标分解至不可或无须再分解的程度的目标即为具体目标，即各部门可立即付诸实现的目标。整体目标与具体目标之间的分层次目标则被称为分步目标。整体目标处于支配地位，决定着分步目标及具体目标；整体目标的实现又有赖于分步目标及具体目标的科学实施与整合。

受社会政治环境、经济环境的影响，财务目标具有阶段性的特点：不同时期、不同财

① 苗凯．财务管理目标与企业财务战略选择［J］．纳税，2021，15（29）：79.

务环境下，财务目标是不一样的；即使是在同一时期，不同企业由于所面临的具体经营环境不同，财务目标也不尽相同。

财务目标还具有稳定性的特点。若财务目标朝令夕改，会令企业管理人员无所适从，也就没有目标可谈了。因此，财务目标应是阶段性与稳定性的统一，即一个企业一旦确立了某一个财务目标，这一财务目标在一段时间内将会保持稳定不变。

（一）财务管理的整体目标

不同时期、不同政治经济环境下有不同形式的财务管理整体目标。自从中华人民共和国成立至今，随着我国经济的发展、经济环境的变革，我国先后出现了四种形式的财务管理整体目标。

1. 产值最大化目标

产值是指生产出的产品的价值。产值最大化目标是指企业以一段时期内生产的产品价值为考核目标。企业领导人职位的升迁，职工个人利益的多少，均由完成的产值计划指标的程度来决定。

产值最大化是中国、苏联以及东欧各个社会主义国家在计划经济体制下产生的。中华人民共和国成立伊始，中国的经济极为困难，物质资料极其匮乏，当时最迫切的任务是尽可能多地生产出人们所需要的物品。在当时条件下，这一整体目标对尽快恢复生产、恢复经济、发展经济、满足人民基本生活需求具有非常重大的意义。

但是，随着经济的发展，计划经济体制逐渐对经济发展产生了极大的束缚作用，总产值最大化也越来越暴露其自身的缺点：只求数量，不求质量；只讲产值，不讲效益。一方面，之前由于物资缺乏，人们对产品的质量及个性化的设计的要求并不高，企业的产品只要能生产出来，就能销售出去，从而造成了企业对产品质量及品种的多样性方面重视不足；另一方面，因为产值最大化并不考核成本，管理层只要能增加总产值，而不管产品能否适销对路，也不管是否能以高于产品成本的价值销售出去，获得真正的价值增值。

随着技术、经济的不断发展，越来越多的产品出现了剩余，人们开始注重产品的质量及个性化的特点。显然，若仍以产值最大化为整体目标其结果是导致产品销售不出去，积压在仓库中，最后贬值甚至全部报废。为克服产值最大化目标存在的缺陷，利润最大化目标被提了出来。

2. 利润最大化目标

利润最大化目标是指企业以一段时期内实现的会计利润为考核目标。企业领导人职位的升迁，职工个人利益的多少，均根据实现的会计利润的多少来决定。利润是一定时期收入扣除成本后的余额，代表了这段时期企业新创造的价值增值，利润越多则企业的财富增加得越多。企业生产出来的产品只有被销售出去才能确认收入，并且要以高于成本的价格销售出去，才能获取正的利润。

利润最大化的观点认为：利润代表企业新创造的财富，利润越多则企业财富增加得越多，越接近企业的目标。利润最大化曾经被认为是企业财务管理的正确目标。企业追求利润最大化，就必须不断加强管理、降低成本、提高劳动生产效率、提高资源利用率。

在市场竞争日益激烈的情况下，只有质量好，满足消费者个性化需求的产品才能畅销。因此，利润最大化目标可以克服产值最大化目标导致的缺陷。利润最大化目标早在 19 世纪初就被西方企业广泛运用。我国自 1978 年经济体制改革以后，市场经济模式逐渐确立，企业面向市场自主经营、自负盈亏，利润最大化目标替代了产值最大化目标被我国企业广为采用。

利润最大化目标的主要优点：①反映了企业的本质的动机，为企业的经营管理提供动力。企业是以盈利为目的的经济组织，利润最大化符合企业管理的根本要求，是满足业主投资收益的基本来源，也是企业资本积累的基本来源。②可以直接反映企业创造剩余产品的多少。从一定程度上反映出企业经济效益的高低和对社会的贡献大小。③简单、直观，容易理解和计算。经营收入减去经营成本就是利润，能反映当期企业的经营业绩，便于衡量和考核企业绩效，容易被企业管理者和职工所接受。

利润最大化目标并非没有缺点，随着经济环境的不断变化，其缺点也逐渐显现：①没有考虑资金的时间价值；②没有有效考虑风险问题。

3. 股东财富最大化目标

企业主要是由股东出资形成的，股东是企业的所有者。股东财富即企业的所有者拥有的企业的资产的价值。在股份制公司中，股东的财富就由其所拥有股票的数量和每股股票的市场价格来决定。当股票数量一定时，股票价格达到最高，就能使股东财富价值达到最大。

股东财富最大化又称为股东价值最大化，或企业所有者权益价值最大化。股东财富最大化的观点认为：增加股东财富是财务管理的目标。股东财富不是股东在企业中所拥有的净资产账面数额，而是资本市场上的市场价值，即用股东权益的市场价值来衡量股东财富。股东财富的增加可以用股东权益的市场价值与股东投入资本的差额来衡量，被称为“权益的市场增加值”。权益的市场增加值是企业为股东创造的价值。在股份制经济条件下，股东财富可以用股票市场价值总额来代表。股东的财富由其所拥有的股票数量和股票市场价格两方面来决定，在股票数量既定时，股票财富最大化直接表现为股票价格最大化，当股票价格达到最高点时，股东财富也达到最大。因此，股东财富最大化也称为股票价值最大化。因此，股东财富最大化最终体现为股票价格最大化。股东财富最大化目标是指企业以一段时期后的股票价格为考核目标。企业领导人职位的升迁，职工个人利益的多少，均根据股票价格的高低来决定。

股东财富最大化目标与利润最大化目标相比具有以下优点。

（1）一定程度上考虑了资金的时间价值。股东财富最大化考虑了取得报酬的时间性，区分了不同时期的报酬，应运用货币时间价值的原理计算股东价值。这一优点可以从股票定价原理角度来分析。股票的内在价值应等于该股票持有者在公司经营期内预期能得到的股息收入按一定折现率计算的现值。影响股票价格的因素包括现金股利、折现率、当时市场信息等。现金股利及折现率因素体现了股票价格的确定须考虑资金时间价值的影响。

（2）一定程度上考虑了风险因素。市场对股票价值的评价，包含着市场投资主体对该股票未来创造价值的共同努力，反映了未来获取资本所包含的风险。股东可以从市场信息中判断企业经营中可能存在的风险，继而将风险体现在对股票的定价上。若企业经营风险较大，则股票价格会下降，反之则股票价格会上升。管理层若要股票价格最大化，则必须在风险与报酬之间寻找一个平衡点。

（3）一定程度上能克服管理者追求利润上的短期行为。由于股票理论价格包含着投资者对未来获利的预期，在股东财富最大化目标下，不仅目前的利润会影响股东财富，未来盈利能力也会对股东财富产生巨大的影响。股价是未来各期收益的综合体现，每期的现金股利是根据其所属期的利润来确定的，无论是现在的利润还是预期的利润都会对企业的股票价格产生影响，则短期增加利润的行为对实现股东财富最大化目标来说没有效果。

（4）考虑了投入与产出之间的关系。股票市场价格受预期每股收益的影响，将利润与投入的资金相联系，反映了资本的获利能力，并通过资本市场把这种获利能力与社会资本比较。

但是股东财富最大化也存在着一些缺陷，其忽视了除股东以外的其他利益相关者的利益。企业的利益相关者不仅仅有股东，还包括债权人、员工、政府、社会公众等。该目标过度强调了股东的利益，而对企业其他利益关系人的重视不够，管理人员利用财务杠杆来增加股东财富，可能会出现过度举债的情况，这必然会增加企业财务风险，甚至导致破产。

所有的利益相关者都有可能对企业财务管理产生影响。股东通过股东大会或董事会参与企业经营决策，董事会直接任免企业经理甚至财务经理；债权人要求企业保持良好的资金结构和适当的偿债能力，以及按合约规定的用途使用资金；员工是企业财富的创造者，提供人力资本，必然要求合理的报酬；政府为企业提供了公共服务，也要通过税收分享收益。

正是各利益相关者的共同参与，构成了企业利益制衡机制。如果试图通过损害一方利益而使另一方获利，结果就会导致矛盾冲突，出现诸如股东抛售股票、债权人拒绝贷款、员工怠工、政府罚款等不利现象，从而影响企业的可持续发展。而股东财富最大化目标可能会诱导管理层仅考虑管理层自己及股东的利益，有时甚至还会损害除股东以外的其他利益相关者的利益。

4. 企业价值最大化目标

企业价值是指企业全部资产的市场价值，即公司资产未来预期现金流量的现值。企业价值不同于利润，它不仅包括企业新创造的价值，还包括企业潜在的预期的获利能力。企业价值最大化又称为公司价值最大化，是股东财富最大化的进一步演化。企业价值最大化的观点要求：企业通过合理的经营采用最优的财务政策，充分考虑资金的时间价值和风险与报酬的关系，在保证企业长期稳定发展的基础上不断增加企业财富，使企业总价值达到最大。

企业价值最大化与股东财富最大化基本上是类似的：它们都反映了投资者对企业的未来预期；它们都以资产价值作为判断企业价值的依据；它们都以资产的市场价值而不是账面价值作为判断标准；它们都面临着缺乏公平、合理、有效的资本市场和资产产权评估市场，使企业资产的市场价值难以获得。

企业价值最大化与股东财富最大化两者的不同是：股东财富最大化考虑的是企业净资产的市场价值，只考虑股东的利益；企业价值最大化考虑的是企业总资产的市场价值，兼顾了股东和债权人的利益。在一定条件下，债权人与股东之间没有利益冲突时，企业价值最大化目标的模式的性质和特征与股东财富最大化基本上是相同的，一般将企业价值最大化与股东财富最大化的理财目标等同起来。企业价值最大化目标与利润有密切的关系：同时综合了利润、货币时间价值、风险、债务比例、利率、税率以及时间跨度等多种因素来衡量企业的价值，反映了企业整体和长期的发展。

为克服股东财富最大化目标存在的缺陷，企业价值最大化目标“应声”出现。对企业价值的评价不仅评价企业已经获得的利润水平，更重要的是评价企业获得未来现金流入的能力和水平。因此，企业价值是能反映企业潜在或预期获利能力的企业全部资产的市场价值。企业的价值与预期的报酬成正比，但与风险成反比。

此外，在寻求企业价值最大化的过程中，必须考虑和兼顾相关利益者之间的利益，并使之达到平衡，否则将不利于公司财务关系的协调，进而影响企业价值最大化的实现。

企业价值最大化目标的主要优点有：①考虑了取得报酬的时间，并用时间价值原理进行了计量；②充分考虑了风险和报酬的联系；③能克服企业追求利润上的短期行为，不仅目前的利润会影响企业的价值，而且预期未来的利润对企业价值的影响所起的作用更大；④有利于社会资源的合理配置。

企业价值最大化目标的主要缺点有：①股票价格受多种因素影响具有很大的不确定性。对于股票上市的企业，虽然可以通过股票价格的变动揭示企业的价值，但股票价格受多种因素的影响，特别是在资本市场效率低下的即期市场，股价不一定能揭示企业的获利能力，只有长期趋势才能较真实地反映企业的价值。②实际应用比较困难。对非上市公司来讲，只有对企业进行专门的评估才能真正确定它的价值，而在评估企业的资产时，由于受评估标准和评估方式的影响，企业未来报酬和与企业风险相适应的折现率很难做到客观和准确。

企业价值最大化目标除了具备股东财富最大化目标所具有的优点外，还具有兼顾了股东以外的利益相关者的利益的优点；但在计量上，尤其是非上市公司企业价值的计量上仍存在一定的缺陷。企业在确立财务整体目标时必须注意目标的唯一性，即上述目标均可作为企业的整体目标，但只能取其一，否则会因找不清方向而造成企业管理混乱。

5. 每股盈余最大化目标

每股盈余又称每股收益，是税后净利润与普通股股数的比率。所有者或股东是企业的出资者，他们投资的目的是取得投资收益，表现为税后净利与出资额或与股份数（普通股）的比率。每股收益是指归属于普通股股东的净利润与发行在外的普通股股数的比值，它的大小反映了投资者投入资本获得回报的能力。每股盈余最大化的观点认为：将企业实现的利润与企业所有者投入资本额或股本数进行对比，用每股收益（或权益资本净利率）来概括企业的财务目标。

每股盈余最大化目标的主要优点有：①克服了利润最大化目标不考虑资本投入的缺点，反映了利润与投入资本之间的关系；②有利于与其他不同资本规模企业或同企业不同时期的比较。每股盈余最大化目标的主要缺点：①没有考虑资金时间价值；②没有考虑每股收益的风险因素；③不能避免企业的短期行为，可能会导致与企业的战略目标相背离。

就我国国情来看，上述财务目标中，产值最大化目标已经过时，当前已没有任何企业再以此为整体财务目标了。利润最大化、股东财富最大化及企业价值最大化目标仍不同程度地被企业采用。利润最大化目标目前主要为非股份制企业及非上市股份制企业所采用，股东财富最大化目标目前主要为股份制企业，尤其是股份制上市企业所采用；企业价值最大化目标由于其相对其他目标来说更为理想化，目前为少数有社会责任意识的股份制企业所采用。

6. 相关者利益最大化目标

20 世纪 80 年代兴起的相关利益者理论对股东价值最大化的传统观点提出挑战。相关利益者理论从“企业是一组契约的联结点”的角度出发，认为企业是所有相关利益者之间的一系列多边契约。这些相关利益者主要包括：股东、债权人、员工、企业经营者、客户、供应商和政府等。股东作为企业的所有者，在企业中承担着最大的权利、义务、风险和报酬，但是其他相关利益者也为企业承担债务风险。例如：随着举债经营的企业越来越多，举债比例和规模也不断扩大，使债权人的风险大大增加；在社会分工细化的今天，由于简单劳动越来越少，复杂劳动越来越多，使职工的再就业风险不断增加。

相关利益者理论认为，企业应该以所有相关利益者的利益最大化为目标。企业的管理者是对企业的全部相关利益者而不是个别成员负有责任，管理者是一个组织而不只是股东的代言人。因此，在确定企业财务管理目标时，不能忽视这些相关利益群体的利益。

相关者利益最大化目标的具体内容包括：①强调风险与报酬的均衡，将风险限制在企业可以承受的范围内；②强调股东的首要地位，并强调企业与股东之间的协调关系；③强调对代理人，即企业经营者的监督和控制，建立有效的激励机制以便企业战略目标的顺利实施；④关心本企业普通职工的利益，创造优美和谐的工作环境和提供合理恰当的福利待遇，使职工长期努力为企业工作；⑤不断加强与债权人的关系，培养可靠的资金供应者；⑥关心客户的长期利益，以便保持销售收入的长期稳定增长；⑦加强与供应商的协作，共同面对市场竞争，并注重企业形象的宣传，遵守承诺，讲究信誉；⑧保持与政府部门的良好关系。

相关者利益最大化目标的优点有：①有利于企业长期稳定发展。这一目标注重企业在发展过程中考虑并满足各利益相关者的利益关系。在追求长期稳定发展的过程中，站在企业的角度上进行投资研究，避免只站在股东的角度进行投资可能导致的一系列问题。②体现了合作共赢的价值理念，有利于实现企业经济效益和社会效益的统一。③较好地兼顾了各利益主体的利益。这一目标本身是一个多元化、多层次的目标体系，这一目标可使企业各利益主体相互作用、相互协调，并在使企业利益、股东利益达到最大化的同时，也使其他利益相关者利益达到最大化。④体现了前瞻性和现实性的统一。企业作为利益相关者之一，有一套评价指标，如未来企业报酬贴现率、股东的评价指标可以使用股票市价，债权人可以寻求风险小、利息最大，工人可以确保工资福利，政府可以考虑社会效益等。不同的利益相关者有各自的指标，只要合理合法、互利互惠、相互协调，就可以实现所有相关者利益最大化。

（二）财务管理目标的冲突

企业众多的利益相关者的利益不可能完全一致，企业的财务目标不可能让所有的利益相关者绝对满意，这就会使某些利益相关者之间产生一定的利益冲突。这些利益冲突是否能被有效协调直接关系到财务目标的实现程度。若想有效协调这些利益冲突，则必须了解这些利益冲突及产生的根源。

1. 股东与管理层的冲突

并不是所有的股东都懂经营，而资本只有运动起来才可能增值，现代公司制企业强调企业所有权与经营权分离，为那些不懂经营却想为自己掌握的资本寻找增值机会的人以及懂经营却没有资本的人（职业经理人）提供了一个合作的契机，实现资源、人力的最优化配置。股东聘用职业经理人来帮他们管理企业，这些职业经理人被称为管理层。管理层追求个人收入最大化，社会地位、声誉的提高，权力的扩大及舒适的工作条件；股东则追求公司利润和股东权益最大化。

由于信息的不对称，当管理层期望的回报得不到满足时，则有可能通过消极怠工、在职消费、利用企业资源牟取私利等手段寻求心理平衡，最终股东的利益亦将受到伤害，由此便产生了股东与管理层之间的利益冲突。

2. 大股东与中小股东的冲突

企业的股东众多，若每个股东都希望自己的意愿在企业得以实现，则企业的运作秩序将会陷于紊乱。因此股东们需要遵循一定的股东会表决制度将意愿合法地表示出来。当前股东会有“资本多数决”及“多重表决”两种制度。资本多数决制度是指在股东大会上或者股东会上，股东按照其所持股份或者出资比例对企业重大事项行使表决权，经代表多数表决权的股东通过，方能形成决议。此种情况下，企业股本结构按同股同权的原则设计，股东持有的股份越多，出资比例越大，所享有的表决权就越大。多重表决制度是指一股享有多个表决权的股份，其是建立在双重股权结构基础之上的。

在实行资本多数决制度的企业，大股东在股东大会上对企业的重大决策及在选举董事上实质上都拥有绝对的控制权。若大股东控制并积极行使控制权来管理企业，中小股东可以用相对较低的成本获取收益，得到“搭便车”的好处；但是若大股东利用其垄断性的控制地位作出对自己有利而有损于中小股东利益的行为，则大股东与中小股东之间即产生利益冲突。

3. 股东与债权人的冲突

企业的资金来源于股东投入的股权性质的资金及债权人投入的债务性质的资金。当企业盈利时，股东权益增加，债权人的本金及利息偿付将会得到有力的保障；当企业亏损时，股东权益减少，但只要没有出现资不抵债的情况，债权人的利益仍是有保障的，其本金及利息仍将被全额偿付；当股东权益不断减少甚至接近于零时，债权人的本金及利息将不会得到完全的清偿。

相比而言，企业股东的风险比企业债权人的风险更高。有时股东会不考虑债权人的利益，投资一些比债权人期望风险更高的项目，若成功，由于财务杠杆的作用，收益归股东所有，债权人不会得到额外收益；若失败，导致股东权益为负时，债权人却将遭受损失。对债权人来说，这时的风险与报酬是不对等的。债权人为保护其利益不受损害，通常会与企业签订一个限制性的条款。但这些限制性条款又可能会影响股东获得更高收益，从而形成股东与债权人之间的利益冲突。

二、财务管理的环境

财务管理环境是指对企业财务活动和财务管理产生影响作用的企业内外部的各种条件。通过环境分析，提高企业财务行为对环境的适应能力、应变能力和利用能力，以便更好地实现企业财务管理目标。“随着市场经济的快速发展，企业面临的财务环境越来越复杂，而财务环境状况的好坏直接影响着企业的各项日常财务活动的开展，影响着企业的资金运动，并进而影响着企业生产经营活动的顺利进行。”①

（一）法律环境

财务管理的法律环境是指企业和外部发生经济关系时所应遵守的各种法律、法规和规章。市场经济是一种法治经济，企业的一切经济活动总是在一定法律规范范围内进行的。一方面，法律提出企业从事一切经济业务所必须遵守的规范，从而对企业的经济行为进行约束；另一方面，法律也为企业合法从事各项经济活动提供了保护。企业财务管理中应遵循的法律法规主要包括以下四个方面。

1. 企业组织法

企业是市场经济的主体，不同组织形式的企业所适用的法律不同。按照国际惯例，企业划分为独资企业、合伙企业和公司制企业。各国均有相应的法律来规范这三类企业的行为。因此，不同组织形式的企业在进行财务管理时，必须熟悉其企业组织形式对财务管理的影响，从而作出相应的财务决策。

2. 税收法规

税法是税收法律制度的总称，是调整税收征纳关系的法规规范。与企业相关的税种主要有五种：①所得税类。所得税类包括企业所得税、外商投资企业和外国企业所得税、个人所得税。②流转税类。流转税类包括增值税、消费税和城市维护建设税。③资源税类。资源税类包括资源税、城镇土地使用税和土地增值税。④财产税类。财产税类即财产税。⑤行为税类。行为税类包括印花税、车船使用税和屠宰税。

3. 财务法规

企业财务法规制度是规范企业财务活动，协调企业财务关系的法令文件。我国目前企业财务管理法规制度有企业财务通则、行业财务制度和企业内部财务制度三个层次。

4. 其他法规

从整体上说，法律环境对企业财务管理的影响和制约主要表现在三个方面：①在筹资活动中，国家通过法律规定了筹资的最低规模和结构；②在投资活动中，国家通过法律规定了投资的方式和条件；③在分配活动中，国家通过法律规定了企业成本开支的范围和标准，企业应缴纳的税种及计算方法，利润分配的前提条件、利润分配的去向、一般程序及重大比例。在生产经营活动中，国家规定的各项法律也会引起财务安排的变动，或者在财务活动中必须予以考虑。

（二）经济环境

财务管理作为一种微观管理活动，与其所处的经济管理体制、经济结构、经济发展状况及宏观经济调控政策等经济环境密切相关。

① 张益奎 . 浅谈如何创造良好的企业财务环境 [J]. 知识经济，2016（20）：79.

1. 经济管理体制

经济管理体制是指在一定的社会制度下，生产关系的具体形式以及组织、管理和调节国民经济的体系、制度、方式和方法的总称。经济管理体制分为宏观经济管理体制和微观经济管理体制两类。宏观经济管理体制是指整个国家宏观经济的基本经济制度，而微观经济管理体制是指一国的企业体制及企业与政府、企业与所有者的关系。宏观经济体制对企业财务行为的影响主要体现在：企业必须服从和服务于宏观经济管理体制，在财务管理的目标、财务主体、财务管理的手段与方法等方面与宏观经济管理体制的要求相一致。微观经济管理体制对企业财务行为的影响与宏观经济体制相联系，主要体现在如何处理企业与政府、企业与所有者之间的财务关系。

2. 经济结构

经济结构一般是指从各个角度考察社会生产和再生产的构成。经济结构包括产业结构、地区结构、分配结构及技术结构等。经济结构对企业财务行为的影响主要体现在产业结构上。一方面，产业结构会在一定程度上影响甚至决定财务管理的性质，不同产业所要求的资金规模或投资规模不同，不同产业所要求的资本结构也不一样；另一方面，产业结构的调整和变动要求财务管理作出相应的调整和变动，否则企业日常财务运作艰难，财务目标难以实现。

3. 经济发展状况

任何国家的经济发展都不可能呈长期的快速增长之势，而总是表现为“波浪式前进，螺旋式上升”的状态。当经济发展处于繁荣时期，经济发展速度较快，市场需求旺盛，销售额大幅度上升。企业为了扩大生产，需要增加投资，与此相适应则须筹集大量的资金，以满足投资扩张的需要。当经济发展处于衰退时期，经济发展速度缓慢，甚至出现负增长，企业的产量和销售量下降，投资锐减，资金时而紧缺、时而闲置，财务运作出现较大困难。另外，经济发展中的通货膨胀也会给企业财务管理带来较大的不利影响，主要表现在：资金占用额迅速增加；利率上升，企业筹资成本加大；证券价格下跌，筹资难度增加；利润虚增，资金流失。

4. 宏观经济调控政策

政府具有对宏观经济发展进行调控的职能。在一定时期，政府为协调经济发展，往往通过计划、财税和金融等手段对国民经济总运行机制及子系统采取一些具体的政策措施。这些宏观经济调控政策对企业财务管理的影响是直接的，企业必须按国家政策办事，否则将寸步难行。例如，国家采取收缩的调控政策时，会导致企业的现金流入减少、现金流出增加、资金紧张、投资压缩；反之，当国家采取扩张的调控政策时，企业财务管理则会出现与之相反的情形。

（三）金融市场环境

金融市场是指资金筹集的场所。广义的金融市场，是指一切资本流动（包括实物资本和货币资本）的场所，其交易对象为货币借贷、票据承兑和贴现、有价证券的买卖、黄金和外汇买卖、办理国内外保险、生产资料的产权交换等。狭义的金融市场，一般是指有价证券市场，即股票和债券的发行和买卖市场。

1. 金融市场的分类

（1）按交易的期限，可分为短期资金市场和长期资金市场。短期资金市场是指期限不超过一年的资金交易市场，因为短期有价证券易于变成货币或作为货币使用，故也称货币市场；长期资金市场是指期限在一年以上的股票和债券交易市场，因为发行股票和债券主要用于固定资产等资本货物的购置，故也称资本市场。

（2）按交易的性质，可分为发行市场和流通市场。发行市场是指从事新证券和票据等金融工具买卖的转让市场，也称初级市场或一级市场；流通市场是指从事已上市的旧证券或票据等金融工具买卖的转让市场，也称次级市场或二级市场。

（3）按交易的直接对象，可分为同业拆借市场、国债市场、企业债券市场、股票市场及金融期货市场等。

（4）按交割的时间，可分为现货市场和期货市场。现货市场是指买卖双方成交后，当场或几天之内买方付款、卖方交出证券的交易市场；期货市场是指买卖双方成交后，在双方约定的未来某一特定的时日才交割的交易市场。

2. 金融市场与企业财务活动

企业从事投资活动所需要的资金，除了所有者投入以外，主要从金融市场取得。金融政策的变化必然影响企业的筹资与投资。因此，金融市场环境是企业最为主要的环境因素。它对企业财务活动的影响主要有以下三点。

（1）金融市场为企业提供了良好的投资和筹资的场所。当企业需要资金时，可在金融市场上选择合适的方式筹资，而当企业有闲置的资金，又可在市场上选择合适的投资方式，为其资金寻找出路。

（2）金融市场为企业的长短期资金相互转化提供方便。企业可通过金融市场将长期资金，如股票、债券，变现转为短期资金，也可通过金融市场购进股票、债券等，将短期资金转化为长期资金。

（3）金融市场为企业财务管理提供有意义的信息。金融市场的利率变动反映资金的供求状况，有价证券市场的行情反映投资人对企业经营状况和盈利水平的评价。这些都是企业生产经营和财务管理的重要依据。

3. 我国主要的金融机构

（1）中国人民银行，中国人民银行是我国的中央银行，它代表政府管理全国的金融机构和金融活动，经理国库。

（2）政策银行，政策银行是指由政府设立，以贯彻国家产业政策、区域发展政策为目的，不以营利为目的的金融机构。我国目前有三家政策银行：国家开发银行、中国进出口银行和中国农业发展银行。

（3）商业银行，商业银行是以经营存款、放款、办理转账结算为主要业务，以营利为主要经营目标的金融企业。我国商业银行有国有独资商业银行、股份制商业银行。

（4）非银行金融机构，我国主要的非银行金融机构有保险公司、信托投资公司、证券机构、财务公司及金融租赁公司。

4. 金融市场利率

“利率是资金的价格，对宏观经济均衡和资源配置有重要导向意义。作为反映资金稀缺程度的信号，利率与劳动力工资、土地地租一样，是重要的生产要素价格，同时，利率也是对延期消费的报酬。”[①]

在金融市场上，利率是资金使用权的价格。其计算公式为：利率 = 纯利率 + 通货膨胀附加率 + 风险附加率。

纯利率是指没有风险和通货膨胀情况下的平均利率。在没有通货膨胀时，国库券的利率可视为纯利率。

通货膨胀附加率是由于通货膨胀会降低货币的实际购买力，为弥补其购买力损失而在纯利率的基础上加上通货膨胀附加率。

风险附加率是由于存在违约风险、流动性风险和期限风险而要求在纯利率和通货膨胀之外附加的利率。其中，违约风险附加率是指为了弥补因债务人无法按时还本付息而带来的风险，由债权人要求附加的利率；流动性风险附加率是指为了弥补因债务人资产流动不好而带来的风险，由债权人要求附加的利率；期限风险附加率是指为弥补因偿债期限较长而带来的风险，由债权人要求附加的利率。

第三节　财务管理的环节与方法

财务管理环节是指企业财务管理工作的步骤与一般工作程序。企业财务管理一般包括财务预测、财务决策、财务计划和预算、财务控制、财务分析和考核等环节。前面环节是对后面环节的指导，后面环节是对前面环节的执行。

① 易纲．中国的利率体系与利率市场化改革［J］．金融研究，2021（9）：1.

财务管理方法是指为了实现财务管理目标，在进行财务管理活动时采用的各种技术和手段。财务管理方法以财务管理环节为标准可分为财务预测方法、财务决策方法、财务计划与财务预算方法、财务控制方法、财务分析与考核方法等。

一、财务预测环节与方法

（一）财务预测的含义

预测是根据事物过去发展变动的客观过程和某些规律性，参照当前已经出现和正在出现的各种可能性，运用数学和统计的方法，对事物未来可能出现的趋势或可能达到的水平进行的科学预计和推测。预测是一个思考的过程，是一种超前的思维，而超前思维有助于各种决策的制定。

财务预测是指为了正确决策，根据企业财务活动的历史资料，考虑现实的要求和条件以及将要出现的变化因素，运用财务预测方法，预计和测算企业未来财务活动及其结果变动趋势的活动。复杂多变的现代市场经济，要求企业财务工作者能预测市场需求和企业环境的变化，针对种种不确定因素及时作出财务预测分析，为企业战略性的经营决策提供依据。

进行财务预测是为了降低决策失误的概率。所以，财务预测是财务决策的基础。财务预测的具体内容包括筹资预测、投资预测、销售收入预测、成本费用预测、利润预测等。

财务预测的工作程序一般是：明确财务预测的对象和目的；收集和整理有关信息资料；选用特定的财务预测方法进行预测。

财务预测应在分析相关资料的基础上进行，所谓资料是指财务历史数据资料，它是财务预测的依据，因为只有深入细致地了解企业财务活动的过去和现在，才有可能准确地判断它的未来。财务预测只能是在利用现代科学方法对有关资料进行详细分析的基础上进行，而不应当仅凭个人的主观判断进行臆测。财务预测是决策的主要参考资料之一，但并不是唯一的依据。财务预测在财务决策中的作用越来越大，成功的财务预测会给企业带来丰厚的利润回报；反之，将会给企业带来巨大的损失。

（二）财务预测的方法

财务预测方法有许多，财务预测方法按其性质不同分为定性预测法和定量预测法两大类。

1. 定性预测法

定性预测法是指由熟悉业务、具有一定理论知识和综合判断能力的专业人员或专家，利用直观材料，根据其丰富实践经验对事物未来的状况和趋势作出主观判断的预测方法，又称判断预测法。定性预测法适用于缺乏完备、准确的历史资料或影响因素复杂、需要对许多相关因素作出判断或客观上不具备定量预测条件等情况下采用。例如，销售预测要面对变化不定的外部市场，影响市场的因素较为复杂，因此销售状况的历史数据资料不适宜建立数据模型，由于需要对许多相关因素作出判断，而对有关未来销售情况的判断资料较容易获取，所以销售预测更适合采用定性预测法。

定性预测法包括意见汇集法、专家意见法和调查研究法等具体方法。意见汇集法是由预测人员事先拟好提纲，向比较熟悉预测对象，并对其未来发展趋势比较敏感的各方面人员开展调查，广泛征求意见，把各方面意见进行整理汇集、综合分析评价后作出预测判断的方法。专家意见法是借鉴见识广、学有专长的专家经验进行预测判断的一种方法，又可分为特尔斐法和专家小组法。调查研究法就是通过调查预测对象有关的情况来预测其未来发展趋势和结果的方法。

2. 定量预测法

定量预测法是指根据收集的数据资料中变量之间存在的数量关系建立数学模型和采用统计方法对预测对象将来的发展趋势和结果进行预测的方法。定量预测法需要建立数学模型，逻辑严密可靠，预测结果比较客观。定量预测法在历史数据资料齐备、可以建立数学模型且环境比较稳定的情况下采用。定量预测法包括趋势外推预测法、因果预测法等具体方法。

趋势外推预测法又称时间序列分析法，是一种将预测对象的历史数据按时间顺序排列，应用数学模型进行处理和分析，对预测对象未来发展趋势和结果进行预测的方法。趋势外推预测法包括简单平均法、移动加权平均法、指数平滑法等。

因果预测法是从掌握的历史数据资料中，找出预测对象（因变量）与其相关联的因素（自变量）之间的依存关系，通过建立相应的因果数学模型来对预测对象未来发展趋势和结果进行预测的方法。因果预测法包括高低点法、直线回归法、非线性回归法等具体方法。

二、财务决策环节与方法

（一）财务决策的含义

财务决策是指根据财务战略目标的总体要求，采用专门的方法从若干个备选财务活动方案中选出最优方案的过程。在市场经济条件下，财务决策是财务管理的核心，财务决策的成功与否直接关系到企业的兴衰成败。财务决策的基础是财务预测。

财务决策的一般程序是：根据财务预测的信息提出问题；确定解决问题的备选方案；分析评价、对比各备选方案；拟定择优标准并选择出最优方案。

（二）财务决策的方法

第一，经验判断法。经验判断法是指根据决策者的经验来判断最优方案进而作出决策的方法。常用的经验判断法有淘汰法、排队法、归类法等。

第二，优选对比法。优选对比法就是把各种不同方案排列一起，对比其经济效益的好坏进而作出决策的方法。

第三，数学微分法。数学微分法是根据边际分析原理，运用数学上的微分方法，对具有曲线联系的极值问题进行求解，确定最优方案进而作出决策的方法。在财务决策中，最优资本结构决策、现金最佳余额决策、存货的经济批量决策都要用到数学微分法。

第四，线性规划法。线性规划法是根据运筹学原理，对具有线性联系的极值问题进行求解，确定最优方案进而进行决策的方法。

第五，概率决策法。概率决策法就是在未来情况虽然并不十分明了但各有关因素的未来状况及其概率可以预知，用概率法计算各个方案的期望值和标准离差，确定最优方案进而作出决策的方法。由于概率决策法往往把各个概率用树形图表示出来，因此有时也称之为决策树法。

三、财务计划、预算环节与方法

（一）财务计划及方法

计划是指为了执行决策、实现活动目标而针对未来行动与工作的安排方案。它告诉人们为实现既定目标需要在什么时间，由什么人，采取什么办法，去开展什么活动。

财务计划是根据企业整体战略目标和规划，以财务决策确立的方案和财务预测提供的信息为基础，并通过制定财务政策、规定财务工作程序、设计财务规则、编制财务预算而对财务活动进行规划的方案。财务计划主要通过指标和表格，以货币形式反映在特定期间（计划期）内企业生产经营活动所需要的资金及其来源、财务收入和支出、财务成果及其分配的情况。它是财务决策的具体化，是财务控制的依据。

确定财务计划指标的方法一般有平衡法、因素法、比例法和定额法等。平衡法是指在编制财务计划时，利用有关指标客观存在的内在平衡关系来计算确定计划指标的方法。因素法又称因素推算法，是指在编制财务计划时，根据影响某项指标的各种因素推算该计划指标的方法。比例法又称比例计算法，是指在编制财务计划时，根据企业历史已经形成且又比较稳定的各项指标之间的比例关系来计算计划指标的方法。定额法又称预算包干法，是指在编制财务计划时，以定额作为计划指标的一种方法。

（二）财务预算及方法

财务预算是根据财务战略、财务计划和各种预测信息，确定预算期内各种预算指标的过程。它是财务计划的分解和落实。财务预算具体包括销售预算、生产预算、成本预算、现金预算、资本支出预算、预计资产负债表、预计利润表和预计现金流量表等。

财务预算的编制方法通常包括固定预算与弹性预算、增量预算与零基预算、定期预算与滚动预算等。

四、财务控制环节与方法

（一）财务控制的含义

财务控制是指利用有关信息和特定手段，对企业的财务活动施加影响或调节，以便实现既定财务目标的过程。如果不能有效地对财务活动施加影响或进行调节，就无法管理。财务控制措施一般包括：预算控制、营运分析控制和绩效考评控制等。

（二）财务控制的方法

财务控制的方法通常有前馈控制、过程控制和反馈控制三种。前馈控制是指通过对实际财务系统运行的监测，运用科学方法预测可能出现的偏差，采取一定措施使差异得以消除的一种控制方法。过程控制是指运用一定的方法对正在发生的财务活动进行的控制。反馈控制是在认真分析的基础上，发现实际与计划之间的差异，确定差异产生的原因，采取切实有效的措施，调整实际财务活动或调整财务计划，使差异得以消除或避免今后出现类似差异的一种控制方法。

五、财务分析、考核环节与方法

（一）财务分析及方法

财务分析是指根据企业财务报表等信息资料，采用专门方法，系统地分析和评价企业财务状况、经营成果以及未来趋势的过程。通过财务分析，可以掌握各项财务计划指标的完成情况，评价财务状况，研究和掌握企业财务活动的规律性，改善财务预测、决策、计划和控制，提高企业经济效益，改善企业管理水平。

财务分析的方法通常有比较分析法、比率分析法、因素分析法等。比较分析法是指把主要项目或指标数值及其变化与设定的标准进行对比，以确定差异，进而分析、判断及评价企业经营与财务等情况的方法。比率分析法是指利用项目指标之间的相互关系，通过计算财务比率来观察、分析及评价企业财务状况、经营业绩和现金流量等财务及经营情况的分析方法。因素分析法是指依据财务指标与其影响因素之间的关系，按照一定的方法分析各因素对财务指标差异影响程度的一种分析方法。

（二）财务考核及方法

财务考核是指将报告期实际完成数与规定的考核指标进行对比，确定有关责任单位和个人完成任务程度的过程。财务考核与奖惩紧密联系，是贯彻责任制原则的要求，也是构建激励与约束机制的关键环节。

财务考核指标的形式多种多样，可以用绝对指标、相对指标、完成百分比进行考核，也可采用多种财务指标进行综合评价考核。

第二章　财务管理的内容维度研究

第一节　筹资与投资活动管理

一、筹资活动管理

“资金如同企业的血液，是企业赖以生存的基础，是企业稳定运营和扩大规模的重要条件。”① 财务管理的核心是适时、适量和低成本地筹集并有效运用各项资金，以确保企业一定时期经营目标的实现。所以，财务管理部门必须根据企业具体经营目标的要求，通过对企业编制公司长短期的资金预算和相应计划，来直接制订和实施企业的筹资决策方案。同时，在进行筹资决策时，必须对各种可能的筹资方式、筹资规模和时间、筹资成本和筹资后企业资本结构的变化等多种因素作综合的比较和分析，选择最合理的筹资方案。

“为了配合好社会经济建设的发展，我国的中小型企业就要想办法提升自身的发展状况。近年来，我国社会经济部门加大力度扶持企业的成长，对企业的稳定健康也有了一定的保障，但是企业在筹资方面仍存在着一些问题，企业的筹资渠道和方式也应当进行创新与优化，才能使企业健康可持续地发展。”②

（一）筹资的认知

1. 筹资的动机

筹资是企业根据生产经营等活动对资金的需要，通过一定的渠道，采取适当的方式获取所需资金的一种行为。企业筹资的基本目的是自身的生存和发展。具体来说，企业的筹资动机有以下四种。

（1）设立性筹资动机，是企业设立时为取得资本金而产生的筹资动机。

（2）扩张性筹资动机，是企业为扩大生产经营规模或增加对外投资而产生的动机。具有良好的前景、处于扩张期的企业一般具有这样的筹资动机。

（3）调整性筹资动机，是企业因调整现有资金结构的需要而产生的筹资动机。随着企业经营情况的变化，需要对资金结构进行相应的调整。

（4）混合性筹资动机，是企业为同时实现扩大规模以及调整资金结构等几个目标而产生的筹资动机。

① 罗仕英 . 企业筹资方式选择与优化探析 [J]. 中国市场，2021（13）：102.

② 虞琳 . 企业筹资方式选择及优化探讨 [J]. 大众投资指南，2021（19）：32-33.

2. 筹资的渠道

筹资渠道是指客观存在的筹措资金的来源方向与通道。认识和了解筹资渠道及其特点，有助于企业充分拓宽和正确利用筹资渠道。目前，我国企业的筹资渠道主要包括以下六个方面。

（1）银行信贷资金。间接融资是中国企业最主要的融资方式，而在间接融资中，银行信贷资金又是最重要的方式，因此银行针对企业的各种贷款，成为我国目前各类企业最为重要的资金来源。

（2）其他金融机构资金。其他金融机构主要指的是信托公司、保险公司、租赁公司、证券公司、财务公司等。它们所提供的各种金融服务，既包括信贷资金投放，也包括物资的融通，还包括为企业承销证券等金融服务。

（3）其他企业资金。企业在生产经营过程中，往往形成部分暂时闲置的资金，并为一定的目的而进行相互投资；另外，企业之间的购销业务可以通过商业信用方式来完成，从而形成企业之间的债权债务关系，形成债务人对债权人的短期信用资金占用。企业之间的相互投资和商业信用的存在，使其他企业资金也成为企业资金的重要来源。

（4）居民个人资金。企业职工和居民个人的结余资金，作为游离于银行及非银行金融机构等之外的个人资金，可用于对企业进行投资，形成民间资金来源渠道，从而为企业所用。

（5）国家财政资金。国家对企业的直接投资是国有企业，特别是国有独资企业获得资金的主要渠道。现有的国有企业的资金来源中，其资本部分大多是由国家财政以直接拨款方式形成的。

（6）企业自留资金。企业自留资金是指企业内部形成的资金，也称企业留存收益，主要包括提取公积金和未分配利润等。这些资金的重要特征之一是它们无须通过一定的方式去筹集，而直接由企业内部自动生成或转移。

不同的筹资渠道提供资金的数量和筹资的方便程度不尽相同。有些渠道的资金供应量比较多，如银行信贷资金和非银行金融机构资金等，而有些相对较少，如企业自留资金等。这种资金供应量的多少，在一定程度上取决于财务管理环境的变化，特别是宏观经济体制、银行体制和金融市场发展速度等因素。因此，企业需根据自身情况以及宏观环境确定适合自身的筹资渠道。

3. 筹资的方式

筹资方式是指可供企业在筹措资金时选用的具体筹资形式。筹资管理的重要内容是如何针对客观存在的筹资渠道选择合理的筹资方式来进行筹资，降低筹资成本，提高筹资效益。目前我国企业筹资方式主要有以下七种。

（1）吸收直接投资。吸收直接投资，是指企业按照“共同投资、共同经营、共担风险、共享收益”的原则，直接吸收国家、法人、个人或外商投入资金的一种筹资方式，它是形成企业资本金的一种筹资方式。

（2）发行股票。股票是股份有限公司为筹措股权资本而发行的有价证券，是公司签发的证明股东持有公司股份的凭证。股票作为一种所有权凭证，代表着股东对发行公司净资产的所有权。股票只能由股份有限公司发行，是股份公司取得权益资金的基本方式。

（3）发行债券。企业债券是指企业依照法定程序发行、约定在一定期限内还本付息的有价证券。债券表示发债企业和债券持有人之间是一种债务债权关系，债券持有人不参与企业的经营管理，但有按期收回约定的本息，在企业破产清算时，债权人有优先于股东享有对企业剩余财产的索取权。

（4）银行借款。银行借款是指企业向银行或其他非银行金融机构借入的、需要还本付息的款项，包括偿还期限超过 1 年的长期借款和不足 1 年的短期借款，主要用于企业购建固定资产和满足流动资金周转的需要。

（5）商业信用。商业信用就是企业在正常的经营活动和商品交易中由于延期付款或预收账款所形成的企业常见的信贷关系。

（6）利用留存收益。留存收益筹资是指企业将留存收益转化为投资的过程，将企业生产经营所实现的净收益留在企业，而不作为股利分配给股东，其实质为原股东对企业追加投资，它是企业筹集权益资金的一种重要方式。

（7）融资租赁。融资租赁是指实质上转移与资产所有权有关的全部或绝大部分风险和报酬的租赁。租赁在实质上具有借贷的属性。融资租赁已成为又一种重要的筹资方式。

4. 筹资的类型

企业可以从不同的渠道，利用不同的方式来筹集资金。根据不同的性质可以将它们划分为不同类型，各种类型资金的结合就构成了企业具体的筹资组合。为保证企业筹资组合的有效性，必须正确认识各种不同的筹资类型。

（1）按资金性质的不同划分。企业筹集的资金，按资金性质的不同可分为权益资金和债务资金两类，与此对应，筹资的类型可以分为股权性筹资、债务性筹资和混合性筹资。

第一，股权性筹资。股权性筹资形成企业的股权资金，也称作权益资金、自有资金，是企业依法筹集、长期拥有、自主支配的资金。权益资金由投资者的原始投资和投资积累形成，主要包括实收资本（或股本）、资本公积、盈余公积和未分配利润等。权益资金的多少，反映企业的资金实力，在相当程度上可以反映企业财务状况的稳定程度以及企业适应生产经营客观环境变化的能力。企业权益资金可以采用吸收直接投资、发行股票和留存利润等方式筹措取得。

第二，债务性筹资。债务性筹资形成企业的债务资金，也称借入资金，是企业通过债务方式取得，依约使用、按期偿还的资金。这部分资金在一定期限内归企业使用。但到期必须偿还，因而其偿债压力大。债务资金包括应付账款、应付票据、银行借款、应付债券及其他各种应付的款项,可采用银行借款、发行债券、融资租赁和商业信用等方式筹措取得。

第三，混合性筹资。混合性筹资是指兼具股权性筹资和债务性筹资双重属性的筹资类型，主要包括发行优先股筹资和发行可转换债券筹资。优先股股本属于企业的股权资金，但优先股股利同债券利率一样，通常是固定的，因此优先股筹资归为混合性筹资。可转换债券在其持有者将其转换为公司股票之前，属于企业的债务资金，在其持有者将其转换为发行公司股票之后，则属于企业的股权资金。可见，发行优先股筹资和发行可转换债券筹资都具有股权性筹资和债务性筹资双重属性，因此属于混合性筹资。

（2）按资金的使用期限划分。企业筹集的资金，按资金的使用期限可分为短期资金和长期资金两类，与此对应，筹资的类型可以分为短期筹资和长期筹资。

第一，短期筹资。短期筹资是指为了满足企业周转性资金需要而进行的、资金使用期限在 1 年以内的筹资活动，也称为短期负债筹资。短期筹资方式主要包括短期借款筹资、商业信用筹资、短期债券筹资等。

第二，长期筹资。长期筹资是指为满足企业长期生存与发展而进行的、资金使用期限在 1 年以上的筹资活动，是企业筹资的主要方面。长期资金主要用于新产品新项目的开发和推广、生产规模的扩大、厂房和设备的更新与改造等。长期筹资方式主要包括吸收直接投资、发行股票、发行长期债券、长期借款、融资租赁等。

（3）按是否通过金融机构划分。企业筹资活动，按是否通过金融机构可以划分为直接筹资和间接筹资两种类型。

第一，直接筹资。直接筹资是指企业不通过金融机构而直接面对资金供应者进行的筹资活动，一般是指通过吸收直接投资、发行股票、发行债券等方式进行筹资。随着金融法规的逐渐健全、证券市场的不断完善，我国居民、企业参与直接筹资的机会大大增加，参与方式也日趋多样化。所以，直接筹资的范围会越来越广。

第二，间接筹资。间接筹资是企业通过金融媒介进行的筹资活动，一般通过银行或其他金融机构进行。这种筹资具有筹资手续简单、效率高、费用低等优点，但筹资范围相对较窄，筹资渠道与方式相对单一。长期以来，间接筹资一直在我国企业的筹资活动中占主导地位。但是，随着金融市场的不断完善，间接筹资的地位比以前有所削弱，尤其是伴随着现代企业制度建设的深化，越来越多的企业把筹资方向转向资本市场进行直接融资。

（4）按资金来源的范围不同。企业筹资按资金来源的范围不同，可分为内部筹资和外部筹资两种类型，企业一般应在充分利用内部筹资来源之后，再考虑外部筹资问题。

第一，内部筹资。内部筹资是指企业利用内部留存收益而形成的资本来源，是企业内部自然形成的，因此被称为“自动化的资本来源”，一般无须花费筹资费用，其数量通常由企业可分配的利润规模和利润分配政策所决定。

第二，外部筹资。外部筹资是指企业在内部筹资不能满足需要时，向企业外部筹资而形成的资本来源。企业外部筹资方式包括吸收直接投资、发行股票、银行借款、发行债券和融资租赁等。企业的外部筹资大多需要花费筹资费用，但筹资数量相对来说较大。

（二）长期债务筹资

债务资金筹资是企业最主要的筹资形式之一，原因有三个：①权益资金筹资一般都受到一定的限制，这就决定了企业必须借助于债务资金筹资形式来满足企业生产经营的需要；②从企业发展速度与规模上，如果不依赖于债务资金筹资将难以利用财务杠杆扩大其生产经营规模；③债务资金筹资对提高权益资金收益率具有重要的意义。从类型看，企业债务资金筹资方式包括银行借款、企业债券、融资租赁、商业信用等多种形式；从所筹资金的期限看，则有长期债务资金和短期债务资金两类。

1. 长期借款

长期借款是企业向银行等金融机构借入的、期限在 1 年以上的各种借款。它以企业的生产经营及获利能力为依托，用于企业长期资产投资和永久性流动资产投资。长期借款有以下三种类型。

（1）按提供借款的机构可分为政策性银行借款、商业性银行借款、其他金融机构借款。政策性银行借款是指执行国家政策性贷款业务的银行提供的借款，通常为长期借款。商业性银行借款是指由各商业银行向工商企业提供的借款，这类借款主要是为满足企业生产经营的资金需要，以营利为目的。其他金融机构借款是指除商业银行以外其他可以从事贷款业务的金融机构提供的借款，如信托公司、保险公司、企业财务公司等提供的借款。

（2）按是否提供担保分为抵押借款和信用借款。抵押借款的抵押品可以是不动产、机器设备等实物资产，也可以是股票、债券等有价证券。企业到期不能还本付息时，银行等金融机构有权处置抵押品，以保证其贷款安全。信用借款则是凭借贷款企业的信用或其保证人的信用而取得的借款。它通常由借款企业出具签字文书，借贷双方严格执行借款合同，信守约定。

（3）按借款用途可分为基本建设借款、更新改造借款、科研开发和新产品试制借款等。

贷款本金的偿还通常有两种方式，即：到期一次性偿还；定期或不定期地偿还相等或不等金额的款项，借款到期时还清全部本金。从还款方式可以看出，前者能使借款企业在借款期内使用全部所借资金，但到期还款压力大，需要企业事先做好还款计划与还款准备，如建立偿债基金等。后者则使借款企业在借款期内边用边还，将还款与用款结合在一起，所用借款额不完整，且实际利率大于名义利率，但偿债压力较小。从根本上说，采用何种偿还方式，取决于所借款项使用后新增的利润及现金流入的特点。

2. 发行债券

公司债券，是指公司依照法定程序发行、约定在一定期限还本付息的有价证券。发行债券是企业筹集债务资本的重要方式，通常是为其大型投资项目一次筹集大笔长期资本。

（1）债券的不同类型。

第一，按有无特定的财产担保，分为抵押债券和信用债券。抵押债券是以发行债券公司的财产为抵押品所发行的债券。如债券到期不能偿还，持券人可以行使抵押权，拍卖抵押品作为补偿。抵押债券按抵押品的不同又可分为不动产抵押债券、动产抵押债券和证券抵押债券。其中证券抵押债券是债券发行人以所持有的有价证券作为抵押品而发行的债券。信用债券又称无抵押担保债券，是仅凭公司自身的信用发行的、没有抵押品作抵押或担保人作担保的债券。在公司清算时，信用债券的持有人因无特定的资产做担保品，只能作为一般债权人参与剩余财产的分配。

第二，按能否转换为本公司股票，分为可转换债券和不可转换债券。可转换债券是指根据发行契约允许持券人按预定的条件、时间和转换率将持有的债券转换为公司普通股的债券。不能享有这种权利的债券则为不可转换债券。对可转换债券，如债券持有人选择转股，公司应当按照转换办法向债券持有人换发股票，但债券持有人对转换股票或者不转换股票有选择权。

第三，按能否提前收兑，分为可提前收兑债券和不可提前收兑债券。可提前收兑债券是公司按照发行时的条款规定，依一定条件和价格在公司认为合适的时间收回债券。这类债券的优点在于：当利率降低时，公司可用“以新换旧”的办法，收回已发行的利率较高的债券，代之以新的、利率相对较低的债券，以降低债务成本。不可提前收兑债券是指不能从债权人手中提前收回的债券。它只能在证券市场上按市场价格买回，或等到债券到期后收回。

（2）债券发行定价的影响因素。债券筹资所面临的财务问题之一是如何对拟发行的债券进行定价，即确定债券发行价格。所谓债券发行价格是指发行公司（或其承销机构）发行债券时所使用的价格，即投资者向发行公司认购债券时实际支付的价格。公司在发行债券之前，必须进行发行价格决策。

影响债券发行价格的因素有如下四点。

第一，债券面值，即债券票面价值。债券发行价格的高低，从根本上取决于面值大小，一般而言，债券票面价值越大，发行价格越高。债券面值是债券的到期价值，即债券的未来价值，而债券发行价格是现在价值，如果不考虑利息因素，从资金时间价值来考虑，企业债券应以低于面值的价格出售，即按面值进行贴现。

第二，债券利率，即债券票面利率，通常在发行债券之前即已确定，并在债券票面上注明。一般而言，债券利率越高，发行价格越高；反之，发行价格越低。

第三，市场利率。债券发行时的市场利率是衡量债券利率高低的参照指标，两者往往不一致，共同影响债券的发行价格。一般而言，债券发行时的市场利率越高，债券的发行价格越低；反之，发行价格越高。

第四，债券期限。债券发行的起止期限越长，债权人的风险越大，要求的利息报酬越高，债券发行价格就可能较低；反之，发行价格可能较高。

债券通常按债券面值等价发行，但在实践中往往按低于面值折价发行或高于面值溢价发行。这是因为债券利率是参照市场利率制定的，市场利率经常变动，而债券利率一经确定就不能变更，因此只能依靠调整发行价格（折价或溢价）来调节债券购销双方的利益。

3. 融资租赁

租赁是出租人以收取租金为条件，在契约或合同规定的期限内，将资产租给承租人使用的一种经济行为。租赁合约规定双方的权利与义务，其具体内容需要通过谈判确定，所以租赁的形式多种多样。

根据承租人的目的，租赁可以分为经营租赁和融资租赁。经营租赁的目的是取得经营活动需要的短期使用的资产；融资租赁的目的是取得拥有长期资产所需要的资本。

融资租赁是指出租人（一般指金融租赁公司或信托公司）按照承租人的要求融资购买租赁资产，并在契约或合同规定的较长期限内提供给承租人使用的信用性业务。融资租赁与经营租赁不同，主要表现在五个方面：①一般由承租人向出租人提出正式申请，由出租人融资购进设备租给承租人使用；②租赁期一般比较长，达到资产预计使用寿命的大部分，因此租赁设备的购置成本必须全部摊入各期租赁费中，即出租人收取的租金必须等于租赁设备的全部成本加上租赁投资收益；③租赁期限内由承租人负责租赁资产的维修、保养和保险等，并对租赁资产计提折旧，但无权自行拆卸改装；④融资租赁禁止中途解约，即融资租赁双方签订的租赁合同一般是不可撤销的；⑤租赁期满时，按事先约定的办法处置设备，一般有续租、留购或退回三种选择，但通常情况下是由承租人留购，留购的金额一般是象征意义的价格。

（1）融资租赁的不同类型。按照融资租赁业务的特点，一般可分为以下三种类型。

第一，直接租赁，指承租人直接向出租人租入所需要的资产，并向出租人支付租金的形式。直接租赁的出租人主要是制造厂商、租赁公司。除制造厂商外，其他出租人都是先从制造厂商购买资产后再出租给承租人。

第二，售后回租，指承租人根据协议将某资产卖给出租人，再将其租回使用并按期向出租人支付租金的形式。在这种租赁形式下，承租人可得到相当于售价的一笔资金，同时仍然可以获得资产的使用权。当然，在此期间，该承租人要支付租金并失去了租赁资产的所有权。

第三，杠杆租赁，是在传统融资租赁方式上派生出来的一种租赁方式，它一般要涉及承租人、出租人和贷款人三方当事人。从承租人的角度看，这种租赁与其他租赁形式并无区别。但对出租人却不同。出租人只垫支购买资产所需资金的一部分，其余大部分资金由出租人以租赁资产作抵押向债权人贷款。因此在这种租赁方式下，出租人一方面收取租赁费，另一方面需要偿还贷款人的贷款本息，若出租人无力偿还贷款，那么资产的所有权就要转归贷款人。由于租赁收益大于借款成本，出租人可获得财务杠杆利益，故被称为杠杆租赁。

（2）融资租赁的程序。不同的租赁业务，具有不同的具体程序，融资租赁的一般程序如下。

第一，选择租赁公司。企业决定采用租赁方式获取某项设备时，首先需了解各家租赁公司的经营范围、业务能力、资信情况，以及与其他金融机构如与银行的关系，取得租赁公司的融资条件和租赁费率等资料，并加以比较，从中择优。

第二，办理租赁委托。企业选定租赁公司后，便可向其提出申请，办理委托。这时，承租企业需填写“租赁申请书”，说明所需设备的具体要求，同时还要向租赁公司提供企业的财务状况文件，包括资产负债表、利润表和现金流量表等。

第三，签订购货协议。由承租企业与租赁公司的一方或双方合作组织选定设备制造厂商，并与其进行技术与商务谈判，在此基础上签署购货协议。

第四，签订租赁合同。租赁合同由承租企业与租赁公司签订，它是租赁业务的重要文件，具有法律效力。融资租赁合同的内容可分为一般条款和特殊条款两部分。

第五，办理验货、付款与保险。承租企业按购货协议收到租赁设备时，要进行验收。验收合格后签发交货及验收证书，并提交租赁公司，租赁公司据此向供应厂商支付设备价款。同时，承租企业向保险公司办理投保事宜。

第六，支付租金。承租企业在租期内按合同规定的租金数额、支付方式向租赁公司支付租金。

第七，合同期满处理设备。融资租赁合同期满时，承租企业应按租赁合同规定，对设备退租、续租或留购。租赁期满的设备通常都以低价卖给承租企业或无偿赠送给承租企业。

（三）短期债务筹资

短期债务筹资是指为满足公司临时性流动资产需要而进行的筹资活动。根据采用的信用形式不同，短期债务筹资主要包括商业信用、短期借款和短期融资券等。

1. 商业信用

商业信用是指商品交易中以延期付款或预收货款进行购销活动而形成的企业之间的自然借贷关系，是企业之间的直接信用行为，属于自然融资。商业信用产生于商品交换之中，其具体形式主要是应付账款、应付票据、预收货款等。随着商业竞争日趋激烈，商业信用得到了广泛的应用，在短期债务筹资中占有相当大的比重。

（1）应付账款。应付账款即赊购商品，是企业最典型、最常用的一种商业信用形式。买卖双方发生商品交易，买方收到商品后不立即支付货款，也不出具借据，而是形成“欠账”，延迟一定时期后才付款。对买方来说，延期付款等于向卖方借用资金购进商品以满足短期的资金需要。

应付账款信用按信用条件分为免费信用、有代价信用和展期信用。免费信用，即买方在规定的折扣期内享受折扣而获得的信用；有代价信用，即买方放弃折扣付出代价而获得的信用；展期信用，即买方超过规定的信用期推迟付款而强制获得的信用。

（2）应付票据。应付票据是企业在采购商品物资时以商业汇票作为结算手段而推迟付款获得的一种商业信用。商业汇票是交易双方根据购销合同的规定在进行延期付款的商品交易时，由出票人开出的反映购销双方债权债务关系的票据。商业汇票开出之后，须由承兑人承兑，并交给持票人，当票据到期时，付款人应无条件支付票款本息。根据承兑人的不同，商业汇票可分为商业承兑汇票和银行承兑汇票两种。

商业承兑汇票是指交易双方约定，由销货企业或购货企业签发，但须经购货企业承兑的商业汇票。销货企业应在提示付款期限内通过开户银行委托收款或直接向付款人提示付款。商业承兑汇票到期时，购货企业的开户银行凭票将票款划给销货企业或贴现银行。如果汇票到期时付款人的存款不足以支付票款，开户银行会将汇票退还销货企业，银行不负责付款，由购销双方自行处理。

银行承兑汇票是指由承兑申请人开出，由银行承兑的商业汇票。承兑申请人必须在承兑银行开立结算账户，承兑银行经审查同意后进行承兑，并向承兑申请人收取相当于票面金额的一定比例的手续费。购货企业应在银行承兑汇票到期之前将票款足额交存其开户银行，以备由承兑银行在汇票到期日或到期日后的见票日支付票款。如果购货企业在汇票到期日未能向其开户银行足额交存票款，承兑银行也应凭票向持票人无条件付款，同时对购货企业尚未支付的汇票金额按一定比例收取罚息。由此可见，银行承兑汇票与商业承兑汇票还是存在一定区别的，商业承兑汇票是购销企业之间的一种直接信用关系，而银行承兑汇票则具有一定的银行信用的性质。

对购货企业来说，应付票据是一种短期筹资方式。这种筹资方式是由商品交易而产生的，具有方便、灵活的特点。但是，通常利用商业汇票所筹资本的使用期限较短，如我国有关法律规定，商业汇票的付款期限由交易双方商定，但最长不得超过6个月。商业汇票可以是无息票据，也可以是带息票据。在采用无息商业汇票时，购货企业等于得到一笔无息贷款，不需要承担资本成本。与应付账款相比，商业汇票等于是付款人给收款人出具的一个书面承诺，因此，其信用会更好一些，如果付款人在汇票到期时未能支付票款，对其信誉会产生严重的损害。

（3）预收货款。预收货款是指卖方按合同或协议的规定，在交付商品之前向买方预收部分或全部货款的信用方式。通常买方对于紧俏商品乐意采用这种结算方式办理货款结算；对生产周期长、售价高的商品，生产者也经常要向订货者分次预收货款，以缓和本企业经营收支不平的矛盾。

2. 短期借款

短期借款指企业向银行和其他非银行金融机构借入的期限在 1 年以内的借款，主要用于满足公司生产周转性资金、临时资金和结算资金的需求。一般情况下，短期借款是仅次于商业信用的短期债务筹资方式。

我国目前的短期借款按照目的和用途分为若干种，主要有生产周转借款、临时借款、结算借款等。按照国际通行做法，短期借款还可依偿还方式的不同，分为一次性偿还借款和分期偿还借款；依利息支付方法的不同，分为收款法借款、贴现法借款和加息法借款；依有无担保，分为抵押借款和信用借款等。企业在申请借款时，应根据各种借款的条件和需要加以选择。

（1）借款的信用条件。按照国际通行做法，银行发放短期借款往往带有一些信用条件，主要有以下六种。

第一，信贷限额。信贷限额是银行对借款人规定的无担保贷款的最高额。信贷限额的有效期限通常为 1 年，但根据情况也可延期 1 年。一般来讲，企业在批准的信贷限额内，可随时使用银行借款。但是，银行并不承担必须提供全部信贷限额的义务。如果企业信誉恶化，即使银行曾同意过按信贷限额提供贷款，企业也可能得不到借款。这时，银行不会承担法律责任。

第二，周转信贷协定。周转信贷协定是银行具有法律义务地承诺提供不超过某一最高限额的贷款协定。在协定的有效期内，只要企业的借款总额未超过最高限额，银行必须满足企业任何时候提出的借款要求。企业享用周转信贷协定，通常要就贷款限额的未使用部分付给银行一笔承诺费。周转信贷协定的有效期通常超过 1 年，但实际上贷款每几个月发放一次，所以这种信贷具有短期和长期借款的双重特点。

第三，补偿性余额。补偿性余额是银行要求借款企业在银行中保持按贷款限额或实际借用额一定百分比的最低存款余额。从银行的角度讲，补偿性余额可降低贷款风险，补偿遭受的贷款损失。对借款企业来讲，补偿性余额则提高了借款的实际利率。

第四，借款抵押。银行向财务风险较大的企业或对其信誉不甚有把握的企业发放贷款，有时需要有抵押品担保，以降低自己蒙受损失的风险。短期借款的抵押品经常是借款企业的应收账款、存货、股票、债券等。银行接受抵押品后，将根据抵押品的面值决定贷款金额，一般为抵押品面值的 30%~90%。这一比例的高低，取决于抵押品的变现能力和银行的风险偏好。抵押借款的成本通常高于非抵押借款，这是因为银行主要向信誉好的客户提供非抵押贷款，而将抵押贷款看成一种风险投资，故而收取较高的利率；同时银行管理抵押贷款要比管理非抵押贷款困难，为此往往另外收取手续费。

第五，偿还条件。贷款的偿还有到期一次偿还和在贷款期内定期（每月、季）等额偿还两种方式。一般来讲，企业不希望采用后一种偿还方式，因为这会提高借款的实际利率；而银行不希望采用前一种偿还方式，是因为这会加重企业的财务负担，增加企业的拒付风险，同时会降低实际贷款利率。

第六，其他承诺。银行有时还要求企业为取得贷款而作出其他承诺，如及时提供财务报表、保持适当的财务水平（如特定的流动比率），等等。如企业违背所作出的承诺，银行可要求企业立即偿还全部贷款。

（2）短期借款利率与利息支付方法。短期借款的利率多种多样，利息支付方法亦不一，银行根据借款企业的情况选用。

第一，借款利率。①优惠利率，是银行向财力雄厚、经营状况好的企业贷款时收取的名义利率，为贷款利率的最低限。②浮动优惠利率，这是一种随其他短期利率的变动而浮动的优惠利率，即随市场条件的变化而随时调整的优惠利率。③非优惠利率，银行贷款给一般企业时收取的高于优惠利率的利率。这种利率经常在优惠利率的基础上加一定的百分比。

非优惠利率与优惠利率之间差距的大小，由借款企业的信誉、与银行的往来关系及当时的信贷状况所决定。

第二，借款利息的支付方法。一般来讲，借款企业可以用以下三种方法支付银行贷款利息。

收款法：是指在借款到期时向银行支付利息的方法。银行向工商企业发放的贷款大都采用这种方法收息。

贴现法：是指银行向企业发放贷款时，先从本金中扣除利息部分，而到期时借款企业则要偿还贷款全部本金的一种计息方法。采用这种方法，企业可利用的贷款额只有本金减去利息后的差额，因此贷款的实际利率高于名义利率。

加息法：是银行发放分期等额偿还贷款时采用的利息收取方法。在分期等额偿还贷款的情况下，银行要将根据名义利率计算的利息加到贷款本金上，计算出贷款的本息和，要求企业在贷款期内分期偿还本息和。由于贷款分期均衡偿还，借款企业实际上只平均使用了贷款本金的半数，却支付全额利息。这样，企业所负担的实际利率大约高于名义利率1倍。

3. 短期融资券

短期融资券是由企业依法发行的无担保短期本票。在我国，短期融资券是指企业依照程序，在银行间债券市场发行和交易并约定在一定期限内还本付息的有价证券，是企业筹措短期（1年以内）资金的直接融资方式。短期融资券又称短期债券，是一种新兴的短期资金筹集方式。

按发行人分类，短期融资券分为金融企业的融资券和非金融企业的融资券。在我国，目前发行和交易的是非金融企业的融资券。

按发行方式分类，短期融资券分为经纪人承销的融资券和直接销售的融资券。非金融企业发行融资券一般采用间接承销方式进行，金融企业发行融资券一般采用直接发行方式进行。

由于我国目前市场资金较为充分，短期融资券的发行利率较低，加上短期融资券实行余额管理，可以滚动发行，因此短期融资券是有竞争实力的企业降低融资成本的一种有效融资方式。短期融资券具有以下三方面的筹资特点。

（1）筹资成本较低。相对于公司债券筹资，短期融资券的筹资成本较低。

（2）筹资数额比较大。相对于银行借款筹资，短期融资券一次性的筹资数额比较大。

（3）发行条件比较严格。只有具备一定信用等级、实力强的企业才能发行短期融资券 。

二、投资活动管理

投资是指企业投入财力，期望在未来获取收益的一种行为。在市场经济条件下，投资是企业实现财务管理目标的基本前提，是发展与获利的必要手段，也是降低风险的有效方法。“投资管理，是指投资主体为实现自身的投资目标，在一定的外部和内部约束下，利用拥有的资金，采取一系列的策略和行动，进行计划、组织、实施和控制，最终达到财富最大化的管理过程。”① 投资管理是现代企业财务管理的一项重要内容。

（一）项目投资的认知

1. 项目投资的特点

“项目投资是一种以特定建设项目为对象，直接与新建项目或更新改造项目有关的长期投资行为，其目的是获得增加公司未来现金流量的长期资产，提高公司的价值。”② 项目在日常生活中随处可见，建设一栋大楼、开发一种产品、对生产线进行更新改造等，人们从不同的角度给项目下过不同的定义，美国项目管理协会认为：项目是指为创造某种独特产品或服务的一次性努力。独特是指项目所创造的产品或服务在关键特性上与其他产品或服务有不同之处，由于它是一次性的，因而是独特的。一次性是指每个项目都有开始和结束的时间，每个项目的历时都是有限的，任何一个项目都包含很多创新之处。

项目投资是指以特定项目为对象，直接参与新建项目或更新改造项目有关的长期投资

① 冯科．投资管理［M］．北京：中国发展出版社，2009：10.

② 漆凡．财务管理［M］．上海：立信会计出版社，2020：207.

行为，从性质上讲，它是企业直接的、生产性的、对内的实物投资，通常包括固定资产投资、无形资产投资、开办费投资、流动资产投资等内容。

项目投资是企业内部生产经营资产的长期投资，与短期投资和对外投资相比，它具有以下四种特点。

（1）投资数额较大。项目投资一般涉及企业战略布局问题，涉及的金额多达百万元、千万元，甚至数亿元等，其投资所形成的资产占企业总资产的比重相当大，因此项目投资对企业的财务状况和经营成果将产生深远的影响。

（2）影响时间较长。作为长期投资的项目发挥作用的时间较长，项目的寿命周期达几年、十几年，甚至是几十年，项目一旦实施，将在未来相当长的时间内对企业的经济活动产生影响。

（3）变现能力较差。项目投资一般不打算在一年或超过一年的一个营业周期内变现，而且在一年内或超过一年的一个营业周期内变现能力也较差，因为投资一旦完成，想改变是相当困难的，不是无法实现就是变现能力较差。

（4）投资风险较高。因为项目投资所涉及的投资金额较大，历时和影响时间也较为长远，未来收益的不确定性因素较多，所以，项目投资的风险相对较高。投资决策一旦失败，给企业带来的影响是灾难性的，轻则亏损，重则导致企业倒闭破产。

2. 项目投资的分类

（1）战术性投资与战略性投资。项目投资按照其对企业前途的影响可分为战术性投资和战略性投资。战术性投资是指不对整个企业前途产生重大影响的投资，如为提高劳动生产率而进行的投资、为改善工作环境而进行的投资等。战略性投资是指对企业全局产生重大影响的投资，如企业增加新产品的投资、企业转产的投资、新的领域的投资等。战略性投资的投资风险较高、所需金额较大、资金回收时间较长。

（2）相关性投资与非相关性投资。项目投资按其相互关系可分为相关性投资和非相关性投资。如果某项目的采纳或放弃并不显著地影响另一个项目，则两个项目在经济上是不相关的，两者为非相关性投资。如果某项目的采纳或放弃会显著地影响另一个项目，则可以说这两个项目在经济上是相关的，如存在因果关系的两个投资项目就是相关性投资。

（3）维持性投资与扩大生产能力的投资。项目投资按照其与生产经营活动的关系可分为维持性投资和扩大生产能力的投资。维持性投资是为了维持其正常经营，保持现有生产能力而投入的财力，如固定资产的更新投资。扩大生产能力的投资是企业未来扩大生产规模，增加生产能力，或改变企业经营方向，对企业今后的经营与发展有着重大影响的各种投资。

（4）新建项目投资与更新改造项目投资。根据具体目标不同，项目投资可分为新建项目投资和更新改造项目投资，前者以新增生产能力为主要目标，后者则以恢复和改善生产能力为主要目标。在实务中，新建项目投资根据是否需要垫支周转资本又划分为单纯固定资产项目投资和完整的工业投资项目投资两大类。单纯固定资产项目投资，简称固定资产投资，是指在投资中只包括为取得固定资产而发生的垫支资本投入，不涉及周转资本的投入。完整的工业投资项目投资不仅包括固定资产投资，而且涉及流动资产、无形资产、开办费的投资，因此，不能简单地将项目投资等同于固定资产投资。

（5）固定资产投资、无形资产投资与开办费投资。项目按其投资对象分为固定资产投资、无形资产投资与开办费投资。固定资产投资是指投资于企业固定资产，尤其是生产经营用固定资产的投资，如对厂房、机器设备、运输设备、工具器具等的投资都属于固定资产投资。无形资产投资是指投资于企业长期使用但没有实物形态资产的投资，如对专利权、非专利技术、商标权、著作权、土地使用权和商誉的投资等均属于无形资产投资。开办费投资是指企业在开办期间发生的递延性费用。

3. 项目投资的程序

项目投资风险大、周期长、环节多、涉及面广，需要考虑众多因素，项目投资需要按照规范的程序进行。从整个项目周期的角度看，项目的投资程序一般包括以下五个环节。

（1）项目提出。投资项目的提出是项目投资程序的第一步，是根据长远发展战略、中长期计划和投资环境的变化，在把握良好投资机会的情况下提出的，它可由企业管理当局和企业高层管理人员提出，也可由企业各级管理部门和相关部门领导提出。一般而言，企业管理当局和高层管理人员提出的项目投资多是具有战略意义的项目投资或是扩大生产能力的项目投资，其投资金额巨大，影响深远。而由企业各级管理部门和相关部门提出的项目投资主要是一些战术性项目投资或维持性的项目投资。具有战略意义的项目投资或扩大生产能力的项目投资一般要由企业的战略、市场、生产、财务和物资部门共同参与论证，对于企业各级管理部门和相关部门领导提出的战术性项目投资或维持性项目投资，可由先提出的部门进行论证。

（2）项目评价。投资项目的评价主要涉及四项工作：①对提出的项目进行适当分类，为分析评价做好准备；②计算有关项目的建设周期，测算有关项目投产后的收入、费用和经济效益，预测有关项目现金流入和现金流出；③运用各种投资评价指标，对各项投资方案的可行性程度进行排序；④写出详细的评价报告。

（3）项目决策。项目评价后，应按分权管理的决策权限由企业高层管理人员或相关部门经理作出最后决策。投资额较小的战术性项目投资或维持性项目投资一般由部门经理作出决策；金额较大的项目投资一般要由企业最高管理当局或企业高层管理人员作出决策，特别重大的项目投资还需报董事会或股东大会批准。无论是由哪一级管理人员作出最后决策，其决策结论一般可分为三种：①接受这个投资项目，可以进行投资；②拒绝这个投资项目，不能进行投资；③返还给项目提出部门，重新论证后再进行处理。

（4）项目执行。决定对某项目进行投资后，要积极筹措资金，实施项目投资。在投资项目的执行过程中，要对工程进度、工程质量、施工成本和工程预算进行监督、控制和审核，防止工程建设中的舞弊行为，确保工程质量，保证按时完成。

（5）项目的再评价。在投资项目的执行过程中，应注意原来作出的投资决策是否合理，是否正确。一旦出现新的情况，就要随时根据变化的情况作出新的评价。如果情况发生了重大变化，原来投资决策已经变得不合理，那么，就要作出是否终止该投资项目或怎样终止投资的决策，以避免更大的损失。

（二）项目投资的现金流量

通常情况下，纳入财务学讨论范畴的投资项目，已经具备国民经济可行性和技术可行性。财务学的主要任务是从企业投资者的立场出发，评价投资项目的财务可行性。投资项目财务可行性评价需要现金流量和贴现率两个相关参数。因此，测算投资项目现金流量和确定适当的贴现率成为财务管理中项目投资决策的基础工作。

1. 现金流量相关概念

“现金流量是项目投资的财务评价指标，可以通过它来判断项目的可行与否。其含义是：由一项长期投资方案所引起的在未来一定期间所发生的现金收支，称为现金流量。”[①]这里的“现金”是广义的现金，不仅包括货币资金，还包括投资项目需要投入的企业现有非货币性资源的变现价值。例如，一个投资项目需要使用原有的厂房、设备等资产，相关的现金流量是指它们的变现价值，而不是其账面成本。

在进行现金流量估计时会涉及很多的变量，涉及许多个人和部门。例如，销售量的预测和销售价格通常由营销部门根据价格弹性、广告效应、经济情况、竞争者反应及消费者偏好的变化趋势来制定。类似地，一项新产品相关的资本支出通常由工程师及产品开发人员确定，而经营成本则由成本会计、制造部门专家、人力资源专家和采购人员来估计。需要特别指出的是，在预测投资项目现金流量时，若能把握与投资项目有关的一些宏观经济数据，如国内生产总值、通货膨胀率等，能提高预测的准确程度。

现金流量包括现金流入量、现金流出量和现金净流量三个具体概念。

（1）现金流入量。现金流入量，是指由投资项目引起的企业现金收入的增加额，简称现金流入。对新建项目来说，现金流入量的内容主要包括以下三项。

第一，营业收入。营业收入是指投资项目投产后每年实现的营业收入。它是经营期主要的现金流入项目。营业收入按照项目在经营期内相关产品预计单价和预测销售量进行估算。从会计视角看，按权责发生制计量的营业收入并不是当期的经营现金流入。经营现金流入是当期现销收入和回收前期应收账款的合计数。为简化核算，通常假设正常经营年度

① 邹娅玲，肖梅崚．财务管理［M］．重庆：重庆大学出版社，2021：110.

内每期发生的赊销额与回收前期的应收账款大体相等。在这种情况下，某期的经营现金流入等于该期的营业收入。

第二，出售或报废时长期资产的残值收入。资产出售或报废时的残值收入，是由于当初的投资引起的，应当作为投资项目的一项现金流入。通常，长期资产的残值收入按长期资产的原值乘以其法定净残值率估计长期资产的残值收入或处置时账面价值估算。如果直接按终结点长期资产情况预计残值收入，其数值可能与按税法计提折旧的账面价值不一致，与长期资产处置相关的现金流量需考虑收益纳税、损失抵税带来的现金流量。

第三，垫付的流动资金回收。投资项目出售或报废时，流动资金将回收，回收的流动资金等于各年垫支流动资金投资额的合计数。

（2）现金流出量。现金流出量，是指由投资项目引起的企业现金支出的增加额。对新建项目来说，现金流出量的内容主要包括以下三项。

第一，原始投资。原始投资是指企业为使投资项目完全达到设计生产能力、开展正常经营而投入的全部资金，包括建设投资和流动资金投资两项内容。建设投资是指在建设期内按一定生产经营规模和建设内容进行的投资，包括固定资产投资、无形资产投资和其他资产投资等。其他资产投资主要包括筹建费用、试运营费用、职工培训费等。除非特别指明，否则假设它们都是在建设期内投入的。流动资金投资是指为维持正常生产经营活动而追加的周转性资金，一般在营业终了时才能收回。通常，流动资金投资发生在建设期期末或经营期期初。

第二，付现成本。付现成本，又称经营成本，是指经营期内为满足正常生产经营而运用现金支付的成本费用，是项目在生产经营期最主要的现金流出量。企业的营业成本是由需要当期付现的经营成本和不需要在当期以现金支付的非付现成本两部分组成。付现成本主要包括原材料、燃料、动力、工资、生产设备的日常维护和经营性维修等，非付现成本主要包括固定资产折旧、无形资产及其他长期资产的摊销等。

第三，各项税款。各项税款是指项目投产后依法缴纳的、单独列示的各项税款，包括营业税金及附加、所得税等。在所得税的估算中，由于不再进行利润总额与应纳税所得额的调整。因此，所有非付现成本的估算应符合税法规定。

（3）现金净流量。现金净流量，又称净现金流量，是指在项目计算期由每年现金流入量与同年现金流出量之间的差额所形成的序列指标。无论是在经营期内，还是在建设期内都存在净现金流量。当现金流入量大于流出量，净现金流量为正值；反之，净现金流量为负值。

由于项目计算期不同阶段上现金流入与现金流出发生的可能性不同，使各阶段上的净现金流量在数值上表现出不同的特点。一般来说，建设期内的净现金流量的数值为负值或等于零；经营期内的净现金流量则多为正值。

2. 现金流量估算的注意事项

在确定投资方案的相关现金流量时，应遵循的基本原则是：只有增量的现金流量才是与项目相关的现金流量。所谓增量现金流量，是指接受或拒绝某个投资方案后，企业总现金流量因此发生的变动。因此，只有那些由于采纳某个项目引起的现金支出增加额才是该项目的现金流出，只有那些由于采纳某个项目引起的现金流入增加额，才是该项目的现金流入。

为正确计算投资方案的增量现金流量，需要正确判断哪些收入或支出会引起企业总现金流量的变动，哪些收入或支出不会引起企业总现金流量的变动。在进行这种判断时，要注意以下五个方面。

（1）区分相关成本与非相关成本。相关成本是指与特定决策有关的，在分析评价时必须加以考虑的成本。例如，差额成本、未来成本、重置成本和机会成本等都属于相关成本。非相关成本是指与特定决策无关，在分析评价时不必加以考虑的成本。例如，沉没成本、过去成本、账面成本等往往是非相关成本。如果将非相关成本纳入投资方案的总成本，则一个有利的方案可能因此变得不利，一个较好的方案可能因此变为较差的方案，从而造成决策错误。

（2）不要忽视机会成本。在投资方案的选择中，如果选择了一个方案，则必须放弃投资于其他项目的机会。其他投资机会可能取得的收益是实行本方案的一种代价，被称为这项投资方案的机会成本。机会成本不是我们通常意义上的“成本”，它不是一种支出或费用，而是失去的收益。这种收益不是实际发生的，是潜在的。机会成本总是针对具体方案的，离开被放弃方案就无从计量确定。机会成本在决策中的意义在于它有助于全面考虑可能采取的各种方案，以便为既定资源寻求最为有利的使用途径。

（3）要考虑投资方案对其他部门的影响。当我们采纳一个新的投资项目后，该项目可能对公司的其他部门造成有利或不利的影响。因此，在进行投资项目分析时，应当关注的是新项目实施后对整个公司预期现金流入的影响。当然，这些交互的影响有时是很难准确计量的，但决策者在进行投资分析时仍应将其考虑在内。

尽管在许多情形下，新项目会影响公司现有产品的市场和销售，但在有些情况下，新项目会促进现有产品的销售。例如：航空公司开通一条新航线，除直接创造了收入外，还将旅客运送至与之相连的其他航线，增加了相关航线的收入。因此，决策时必须考虑新项目实施后可能给公司带来的每一笔关联现金流量。

（4）对净营运资金的影响。在一般情况下，当公司投资一个新项目并使销售额扩大后，对存货和应收账款等流动资产的需求也会增加，公司必须筹措新的资金以满足这种额外需求；另外，公司扩充的结果、应付账款与其他一些应付费用等流动负债也会同时增加，从而降低公司流动资金的实际需要。

当投资方案的寿命周期快要结束时，公司将与项目相关的存货出售，应收账款变为现金，应付账款和应付费用也随之偿付，净营运资金恢复到原有水平。通常，在进行项目投资分析时，假定开始投资时筹措净营运资金，在项目结束时收回。

（5）忽略利息支付和融资现金流量。在评价新投资项目和确定现金流量时，往往将投资决策和融资决策分开，即从全部资本角度来考虑。此时，利息费用和投资项目的其他融资现金流量不应看成该项目的增量现金流量。也就是说，即使接受项目时不得不通过举借债务来筹集资金，与筹集债务资金相关的利息支出及债务本金的偿还也不是相关的现金流量。因为，当用公司要求的收益率作为贴现率来贴现项目的现金流量时，该贴现率已经隐含了这些项目的融资成本。分析人员通常事先确定对投资项目的期望收益或收益率要求，然后再寻求最佳融资方式。

（三）项目投资决策评价方法

项目投资决策评价的基本原理是：当投资项目收益率超过资本成本时，企业价值将增加；投资项目收益率低于资本成本时，企业价值将减少。这一原理涉及项目的报酬率、资本成本和股东财富的关系。

投资要求的报酬率是投资人的机会成本，即投资人将资金投资于其他同等风险资产可以赚取的最高收益。企业投资项目的报酬率必须达到投资人的要求。如果企业的资产获得的报酬超过资本成本，企业的收益大于股东要求，必然会吸引新的投资者购买该公司股票，其结果是股价上升。如果相反，股东会对公司不满，有一部分人会出售公司股票，导致股价下跌。因此，资本成本也可以说是企业在现有资产上必须赚取的、能使股价维持不变的收益。“资本成本作为企业财务管理的一大基本范畴，对资本的使用效益有重大影响。”[①]

股价代表了股东财富，反映了资本市场对公司价值的估计。企业投资取得高于资本成本的报酬，就为股东创造了价值；反之，则毁损了股东财富。因此，投资人要求的报酬率即资本成本，是评价项目是否为股东创造财富的标准。

项目投资决策是通过一定的经济评价指标来进行的。进行投资项目决策的评价方法有非贴现评价方法和贴现评价方法两类。

1. 非贴现评价方法

非贴现的方法不考虑资金的时间价值，把不同时间的现金流量看成等效的。因此，这些方法在选择方案时通常起辅助作用。

（1）回收期法。投资回收期法是使用回收期作为评价方案优劣指标的一种方法。投资回收期是指投资引起的现金流入累计到与投资额相等所需的时间，代表收回投资所需的

① 侯静茹，刘青．资本成本的影响因素及测算方法的改进 [J]. 全国商情（理论研究），2013（40）：46.

年限。回收年限越短，投资方案的流动性越好，风险越小。

投资回收期有包括建设期的投资回收期和不包括建设期的投资回收期两种形式。包括建设期的投资回收期等于不包括建设期的投资回收期加上建设期。

使用投资回收期法进行决策必须有一个决策依据，但没有客观因素表明存在一个合适的截止期，可以使公司价值最大化。因此，回收期法没有相应的参照标准。通常，在不考虑其他评价指标的前提下，用小于或等于项目计算期的一半或基准回收期，作为判断投资项目是否具有财务可行性的标准。这一参照标准在一定意义上只是一种主观的臆断。

为了克服回收期法不考虑资金时间价值的缺陷，人们提出了折现投资回收期法。折现投资回收期，又称动态投资回收期，是指在考虑资金时间价值的情况下以投资项目引起的现金流入量抵偿原始投资所需要的时间。

动态投资回收期出现以后，为了区分，将传统的投资回收期称为非折现投资回收期或静态投资回收期。

（2）会计收益率法。会计收益率法是使用会计收益率作为评价方案优劣指标的一种方法。会计收益率，又称投资利润率，是年平均净收益占原始投资额的百分比。在计算时使用会计的收益、成本观念以及会计报表的利润数据，不直接使用现金流量信息。

与投资回收期一样，会计收益率指标没有一个客观的基准可以作为评判投资项目财务可行性的依据。通常以行业平均会计收益率或投资人要求的会计收益率作为基准。在此情况下，不考虑其他评价指标的前提下，只有当会计收益率指标大于或等于基准会计收益率，投资项目才具有财务可行性。

2. 贴现评价方法

贴现的评价方法，是指考虑资金时间价值的分析评价方法，亦被称为贴现现金流量分析技术，或动态分析法。常用的贴现评价方法主要包括净现值法、获利指数法和内含报酬率法等。

（1）净现值法。净现值法是使用净现值来评价方案优劣的一种方法。净现值（记作NPV），是指特定方案在整个项目计算期内每年净现金流量现值的代数和，或者说是特定方案未来现金流入量的现值与未来现金流出量的现值之间的差额。

净现值法所依据的原理是：假设预计的现金流入在年末肯定可以实现，把原始投资看成按预定贴现率借入的。当净现值为正时，偿还本息后还有剩余的收益。净现值的经济意义是投资方案贴现后的净收益。

要计算投资项目的净现值，不仅需要知道与项目相关的现金流量，还必须确定贴现率。在通常情况下，采用企业要求的最低投资报酬率或资本成本作为投资项目预定的贴现率。

净现值是一个折现的绝对量正指标，是项目投资决策评价指标中最重要的指标之一。净现值法考虑了资金的时间价值和整个项目寿命周期的现金流量，能反映投资项目在其计算期内的净收益。从理论上说，它比其他方法更完善，被誉为“理财的第一原则”，具有广泛的适用性。净现值法的缺点在于不能直接反映项目实际收益率水平；且当投资额不等时，无法用 NPV 确定独立方案的优劣。

按照这种方法，所有未来现金流入和流出都要按照预定的贴现率折算为现值，然后再计算它们的差额。如净现值为正数，即贴现后现金流入大于贴现后现金流出，该投资项目的报酬率大于预定的贴现率；如净现值为零，即贴现后现金流入等于贴现后现金流出，该投资项目的报酬率等于预定的贴现率；如净现值为负数，即贴现后现金流入小于贴现后现金流出，该投资项目的报酬率小于预定的贴现率。因此，只有当净现值大于或等于 0，投资方案才具有财务可行性。

（2）获利指数法。获利指数法是根据获利指数来评价方案优劣的一种方法。获利指数（记作 PI），又称现值指数，是指未来现金流入量的现值与现金流出量的现值的比率，或者说是投产后各年净现金流量的现值之和除以原始投资的现值。

获利指数是一个贴现的相对量正指标。它从动态的角度反映了投资项目的资金投入与总产出之间的关系，可以进行独立投资机会获利能力的比较。但它与净现值一样，无法直接反映投资项目的投资收益率。

获利指数可以看成 1 元原始投资可望获得的现值净收益。它是一个相对数指标，反映的是投资的效率；而净现值指标是绝对数指标，反映的是投资的效益。只有当投资方案的获利指数大于或等于 1，说明其收益超过或等于成本，即投资报酬率超过或等于预定的贴现率，方案才具有财务可行性。

（3）内含报酬率法。内含报酬率法是根据方案本身的内含报酬率来评价方案优劣的一种方法。内含报酬率（记作 IRR），又称内部收益率，或内部报酬率，是指能使未来现金流入量的现值等于未来现金流出量的现值的贴现率，或者说是使投资方案净现值为零的贴现率。

净现值和获利指数虽然考虑了资金的时间价值，可以说明投资方案高于或低于某一特定的投资报酬率，但没有揭示方案本身可以达到的实际报酬率水平。

内含报酬率是投资项目本身“固有”的最高可以实现的投资收益率。“固有”是指内含报酬率是投资项目的内生变量，本身不受资本市场利率的影响，而取决于投资项目本身所产生的现金流量，只要确定了预期现金流量，包括各期现金流量规模和持续时间，也就确定了内含报酬率。“最高”是指，内含报酬率反映投资项目所能达到的真实收益率，为投资者提供了一个选择期望要求报酬率的上限，即投资者的要求报酬率不能超过投资项目的内含报酬率，否则将无法偿还资本成本。

内含报酬率是一个折现的相对量正指标。它从动态的角度直接反映了投资项目实际收益水平，计算不受设定贴现率的影响。其缺点主要是计算过程比较麻烦，而借助计算机用插入函数法又无法求得真实的内含报酬率。

只有当内含报酬率大于或等于资本成本或投资人要求的收益率，方案才具有财务可行性。

第二节　预算与营运资金管理

一、预算管理

预算管理是企业管理的重要组成部分，是企业实现总体战略目标的重要途径。当企业的总体战略目标确定后，要将其分解落实到生产部、人力资源部、销售部等各个职能部门，形成各职能部门的目标，然后再以预算的方式对既定目标进行量化。如生产部的生产目标，销售部门的销售目标，管理部门的费用控制目标等都会在预算中用相应的预算指标确定下来。在企业每一阶段的生产经营过程中，都应以本阶段的预算指标作为控制的标准和绩效考核的依据，以确保企业战略目标的实现。随着经营规模的扩大和组织结构变得复杂，面对瞬息万变的市场环境，如果事先不通过预算的形式对未来一定期间的经营活动进行规划和统筹安排，其经营结果将很难预料。

（一）预算的作用

企业财务管理的方法很多，但财务预算被认为是一个有效的管理模式，在企业经营管理中发挥着重大的作用。一般认为，预算的作用主要表现在以下六个方面。

1. 有利于实现企业预期目标

通过预算可以控制企业经营活动过程，随时发现企业经营活动中出现的问题，并采取一定的措施进行补救，纠正不良偏差，通过有效方式实现企业预期目标。因此，预算具有规划、控制、引导企业经济活动有序进行，以最经济有效的方式实现预定目标的功能。

2. 有助于实现企业内部各部门之间的协调

在企业生产经营过程中，企业各个部门之间以及各部门与企业整体之间，存在着非常密切的联系，这些联系往往决定着企业整体利益与各部门及职工个人的利益，这就要求企业为了完成整体目标和任务，各部门之间必须紧密配合，相互协调，统筹兼顾，合理安排。各部门预算的综合平衡，能促使各部门管理人员清楚地了解本部门在全局中的地位和作用，尽可能地做好部门之间的协调工作。各部门之间只有协调一致，才能最大限度地实现企业整体目标最优化。

3. 有利于企业开展业绩考核

预算作为企业财务活动的行为标准，使各项活动的执行有章可循。财务预算为考核各部门及员工工作业绩提供了依据。经过分解落实的预算规划目标能与部门、责任人的业绩考评结合起来，成为奖勤罚懒、评估优劣的准绳。企业可以定期或不定期地检查考评各部门所承担工作任务的完成情况，确保企业总体目标的实现。因此，企业各职能部门应根据全面预算要求，有目的、有步骤地安排日常工作，组织生产经营活动，把实际成果与预算目标相对比，分析差异产生的原因，采取一定的措施，解决问题，保质保量地完成任务。

4. 为企业提供战略支持

企业管理最为核心的是财务战略管理，它对企业未来的走向进行规划，具有前瞻性特征。财务预算本质上是对未来的一种管理，它通过规划未来的发展指导现在的实践，因而具有战略性，对集团战略起着全方位的支持作用。战略支持最充分的体现是在预算的动态性上，它通过滚动预算和弹性预算形式，将未来置于现实之中。财务预算在企业战略指导下，定量反映企业的经营方针和经营目标，详细列示出实现企业战略目标应采取的方法和措施，有利于企业各部门及职工了解整个企业的经营战略，从而为实现企业战略目标而共同奋斗。

5. 有利于提高员工的参与度和积极性

参与预算不是单一部门或单一个人的管理行为，财务预算过程涉及方方面面，涉及企业的各个部门及所有员工，那种将财务预算视为部门管理或权威管理的想法是不对的。管理的对象是人，但管理的主体同样是人，如何调动全员的积极性，不能单凭一句口号，而必须付出实际行动。从管理实践上来看，要想全方位地调动员工的积极性，必须提出一个目标，然后通过设置目标来激发和引导大家。因此，财务预算通过设置各项定量指标，使职工的需要与企业的目标挂钩，能充分调动员工的积极性，将企业管理作为人人自发的一种管理。

6. 有利于企业加强财务控制

预算是一种控制机制，作为一种控制机制，它将预算主体和预算单位的行为调和到“自我约束”和“自我激励”这一层面上。也就是说，预算作为一根“标杆”，使所有的预算执行主体知道自己的目标是什么，现在做得如何，如何努力完成预算，预算完成情况是如何与其自身绩效挂钩的，从而起到一种自我约束与自我激励相对等的作用。同时，对预算主体而言，有明确的依据进行考核，从而控制企业管理的运行过程，并保证结果的实现。从这一层面来看，财务预算对企业而言，既是对行为主体的行为过程控制，同时也是对其行为结果控制的一种机制。

（二）预算编制的程序

企业应当设立预算管理委员会履行全面预算管理职责，其成员由企业负责人及内部相关部门负责人组成。预算管理委员会主要负责拟定预算目标和预算政策，制定预算管理的具体措施和办法，组织编制、平衡预算草案，下达经批准的预算，协调解决预算编制和执行中的问题，考核预算执行情况，督促完成预算目标。预算管理委员会下设预算管理工作机构，由其履行日常管理职责。预算管理工作机构一般设在财会部门。总会计师或分管会计工作的负责人应当协助企业负责人负责企业全面预算管理工作的组织领导。企业编制预算，一般应按照“上下结合、分级编制、逐级汇总”的程序进行。

第一，下达目标。企业董事会或经理办公会根据企业发展战略和预期经济形势的初步预测，在决策的基础上，提出下一年度预算目标，包括销售或营业目标、成本费用目标、利润目标和现金流量目标，并确定预算编制的政策，由预算管理委员会下达各预算执行单位。

第二，编制上报。各预算执行单位按照企业预算管理委员会下达的预算目标和政策，结合自身特点以及预测的执行条件，提出详细的本单位预算方案，上报企业财会部门。

第三，审查平衡。企业财会部门对各预算执行单位上报的财务预算方案进行审查、汇总，提出综合平衡的建议。在审查、平衡的过程中，预算管理委员会应当进行充分协调，对发现的问题提出初步调整意见，并反馈给有关预算执行单位予以修正。

第四，审议批准。企业财会部门在有关预算执行单位修正调整的基础上，编制出企业预算方案，报预算管理委员会讨论。对不符合企业发展战略或预算目标的事项，企业预算管理委员会应责成有关预算执行单位进一步修订、调整。在讨论、调整的基础上，企业财会部门正式编制企业年度预算草案，提交董事会或经理办公会审议批准。

第五，下达执行。企业财会部门对董事会或经理办公会审议批准的年度总预算，一般在次年 3 月底之前分解成一系列的指标体系，由预算管理委员会逐级下达各预算执行单位执行。

（三）预算的执行

企业全面预算一经批准下达，各预算执行单位应当认真组织实施，将预算指标层层分解，从横向和纵向落实到内部各部门、各环节和各岗位，形成全方位的预算执行责任体系。

企业应当以年度预算作为组织、协调各项生产经营活动的基本依据，将年度预算细分为季度、月度预算，通过实施分期预算控制，实现年度预算目标。企业应当根据全面预算管理要求，组织各项生产经营活动和投融资活动。

企业应当加强资金收付业务的预算控制，及时组织资金收入，严格控制资金支付，调节资金收付平衡，防范支付风险。对超预算或预算外的资金支付，应当实行严格的审批制度。

企业办理采购与付款、销售与收款、成本费用、工程项目、对外投融资、研究与开发、信息系统、人力资源、安全环保、资产购置与维护等业务和事项，均应符合预算要求。涉及生产过程和成本费用的，还应执行相关计划、定额、定率标准。

企业应当严格执行销售、生产和成本费用预算，努力完成利润指标。在日常控制中，企业应当健全凭证记录，完善各项管理规章制度，严格执行生产经营月度计划和成本费用的定额、定率标准，加强适时控制。对预算执行过程中出现的异常情况，企业有关部门应及时查明原因，提出解决办法。

企业应当建立预算报告制度，要求各预算单位定期报告预算的执行情况。对预算执行过程中发现的新问题、新情况及出现偏差较大的重大项目，企业财务管理部门以至预算管理委员会应当责成有关预算执行单位查找原因，提出改进经营管理的措施和建议。

企业预算管理工作机构应当加强与各预算执行单位的沟通，运用财务信息和其他相关资料监控预算执行情况，采用恰当方式及时向决策机构和各预算执行单位报告、反馈预算执行进度、执行差异及其对预算目标的影响，促进企业全面预算目标的实现。

（四）预算的调整

企业已正式下达执行的预算，一般不予以调整。如果预算执行单位在执行中由于市场环境、经营条件、政策法规等发生重大变化，致使预算的编制基础不成立，或者可能导致预算执行结果产生重大偏差的，可以调整预算。

企业应当建立内部弹性预算制度，对于不影响预算目标的业务预算、专门决策预算，企业可以按照内部授权批准制度执行，鼓励预算执行单位及时采取有效的经营管理对策，保证预算目标的实现。

企业调整预算，应当由预算执行单位逐级向企业预算管理委员会提出书面报告。书面报告中要明确说明预算执行的具体情况、客观因素变化情况及其对预算执行造成的影响程度，并提出预算指标的调整幅度。

企业财务管理部门应当对预算执行单位的预算调整报告进行审核，集中编制企业年度预算调整方案，提交预算管理委员会以至企业董事会或总经理办公会审议批准，然后下达执行。

对预算执行单位提出的预算调整事项，企业进行决策时，一般应遵循三项要求：①预算调整事项不能偏离企业发展战略；②预算调整方案应该在经济上实现最优化；③预算调整重点应当放在预算执行中出现的重要的、非正常的、不符合常规的关键性差异方面。

（五）预算的分析

企业应当建立预算分析制度，由预算管理委员会定期召开预算执行分析会议，全面掌握预算的执行情况，研究和解决预算执行中存在的问题，纠正预算的执行偏差。

企业管理部门及各预算执行单位应当充分收集有关财务、市场、政策、法律等方面的信息资料，根据不同情况分别采用比率分析、比较分析、因素分析、平衡分析等方法开展预算执行分析，从定量和定性两个层面充分反映预算执行单位的现状、发展趋势及其存在的潜力。

预算执行过程中存在的偏差，企业财务管理部门及各预算执行单位应充分、客观地分析产生的原因，并提出相应的解决措施，提交董事会或总经理办公会研究决定。

企业预算管理委员会应定期组织预算审计，纠正预算执行中存在的问题，充分发挥内部审计的监督作用，维护预算管理的严肃性。

预算审计可以采用全面审计或抽样审计，在特殊情况下，企业也可以组织不定期的专项审计。审计工作结束后，由企业内部审计机构根据审计情况形成审计报告，直接提交给预算管理委员会以至企业董事会或总经理办公会，作为调整预算、改进内部经营管理和财务考核的一项重要参考依据。

预算年度结束后，预算管理委员会应向董事会或总经理办公会报告预算执行情况，并根据预算完成情况和预算审计情况对预算执行单位进行考核。

企业内部预算执行单位上报的预算执行报告，应经本部门、本单位负责人按照内部规范审议通过，作为企业进行财务考核的基本依据。企业预算按调整后的预算执行，预算完成情况以企业年度财务会计报告为准。

企业预算执行考核是企业绩效评价的主要内容，应当结合年度内部经济责任制进行考核，与预算执行单位负责人的奖惩挂钩，并作为企业内部人力资源管理的参考。

二、营运资金管理

营运资金有广义和狭义之分：广义的营运资金又称总营运资金，是指一个企业投放在流动资产上的资金，包括现金、有价证券、应收账款、存货等占用的资金；狭义的营运资金也叫净营运资金，是指流动资产减去流动负债后的差额。营运资金的管理既包括流动资产的管理，也包括流动负债的管理。

（一）营运资金的特点与管理原则

1. 营运资金的特点

要想有效地管理企业的营运资金，就必须把握营运资金的特点，以便开展针对性的管理。营运资金一般具有以下五个特点。

（1）营运资金周转期短。企业占用在流动资产上的资金周转期较短，通常是在一年或超过一年的一个营业周期内收回。根据这一特点，企业可以采用短期的筹资方式解决对营运资金的需求，如利用短期借款、商业信用等筹资方式提供营运资金。

（2）营运资金占用形态变动性大。营运资金每次循环都要经过采购、生产、销售等过程，例如先用现金购买原材料，再投入生产形成在产品和产成品，然后销售产品形成应收账款，最后收回应收账款得到现金。可见在这个循环过程中，营运资金的占用形态是不断地变化着的。为此，企业有必要在不同形态的流动资产上合理配置资金，以促进资金循环周转的顺利进行。

（3）营运资金占用数量波动性强。营运资金占用的数量会随着企业内外经营条件的变化而变化，时高时低，波动很大。特别是季节性生产的企业，其营运资金的占用数量在不同季节之间的波动更加明显。一般而言，在营运资金的波动过程中，流动负债和流动资产的变动方向是相同的。例如，随着销售的增加，存货和应收账款等流动资产的资金占用会增加，同时应付账款等自发性的流动负债也会增加。根据营运资金占用数量波动性强的特点，企业应事先预计不同时期营运资金的需求量，及时筹措所需要的营运资金，合理调整不同时期的营运资金占用量。

（4）营运资金变现性强。交易性金融资产、应收账款和存货等流动资产一般具有较强的变现能力，企业如果遭遇意外情况而现金短缺、资金周转不灵时，可以迅速变卖这些流动资产，获取所需要的现金，帮助企业渡过难关。因此，持有适当的流动资产对企业应付临时性的资金需求具有重要的意义。企业应该根据营运资金变现性强的特点，合理配置资产结构，保留适当比例的流动资产。

（5）营运资金来源灵活多样。企业筹集长期资金的方式一般包括吸收直接投资、发行股票、发行债券等方式。与此相比，企业筹集营运资金的方式更加灵活多样，通常包括短期借款、短期融资券、商业信用、应交税费、应付股利、应付职工薪酬等多种内、外部融资方式。企业应该根据营运资金来源灵活多样的特点，根据筹资需求选择最合适的筹资方式。

2. 营运资金管理的原则

（1）满足合理的资金需求。企业营运资金的需求数量与企业生产经营活动有直接关系。一般情况下，当企业产销两旺时，流动资产会不断增加，流动负债也会相应增加；而当企业产销量不断减少时，流动资产和流动负债也会相应减少。企业财务人员应以满足正常合理的资金需求作为首要任务，认真分析生产经营状况，采用一定的方法预测营运资金的需要数量，并及时地筹措、安排所需要的营运资金。

（2）提高资金使用效率。营运资金的周转是指企业的营运资金从现金投入生产经营开始，到最终转化为现金的过程。提高营运资金使用效率的关键就是采取得力措施，缩短营业周期，加速变现过程，加快营运资金周转。企业应在成本效益分析的基础上千方百计地加速存货、应收账款等流动资产的周转，以使用有限的资金服务于更大的产业规模，为企业取得更优的经济效益提供条件。

（3）节约资金使用成本。在营运资金管理中，必须正确处理保证生产经营需要和节约资金使用成本两者之间的关系。要在保证生产经营需要的前提下，尽力降低资金使用成本。一方面，要挖掘资金潜力，加速资金周转，精打细算地使用资金；另一方面，积极拓展融资渠道，合理配置资源，筹措低成本资金，服务于生产经营。

（4）保持足够的短期偿债能力。偿债能力是企业财务风险高低的标志之一。合理安排流动资产与流动负债的比例关系，保持流动资产结构与流动负债结构的适配性，保证企业有足够的短期偿债能力是营运资金管理的重要原则之一。流动负债是在短期内需要偿还的债务，而流动资产则是在短期内可以转化为现金的资产，两者之间的关系能较好地反映企业的短期偿债能力。如果一个企业的流动资产比较多，流动负债比较少，说明企业的短期偿债能力较强；反之，则说明短期偿债能力较弱。但如果企业的流动资产太多，流动负债太少，也不是正常现象，可能是企业流动资产闲置或流动负债利用不足而导致的。

企业需要遵循营运资金管理原则，评估营运资金管理中的风险和收益，制定流动资产投资策略和融资策略，对企业该拥有多少流动资产以及如何获取流动资产融资进行决策。

（二）现金管理

现金是指以货币形态表现的资金，包括库存现金、银行存款和其他货币资金。现金是流动资产中流动性最强的资产，拥有较多的现金，企业就具有较强的偿债能力和抗风险能力。但现金的收益性最弱，即使是银行存款，其利率也是很低的，因此现金的持有量不是越多越好。企业现金管理的目标是要在现金的流动性和收益性之间进行权衡，在确保必要的资产流动性的同时，降低现金持有量，提高现金的使用效率。

现金收支管理的目的在于提高现金使用效率，为达到这一目的，应做好以下四方面的工作。

第一，尽量做到现金流量同步。如果企业能做到现金流量同步，使企业的现金流入与现金流出在数量上和时间上趋于一致，就可以使其所持有的交易性动机的现金余额降低到最低水平。

第二，合理使用现金浮游量。现金的浮游量是指企业账户上的现金余额与银行账户上所示的企业存款余额之间的差额。从企业开出支票，收款人收到支票存入银行，至银行将款项划出企业账户，支票金额对应的现金在这段时间里的占用即为现金浮游量。现金浮游量是企业已付、银行未付的款项，尽管企业已经开出了支票，但仍可在活期存款账户上动用这笔资金。需要注意的是，企业利用现金浮游量必须控制好时间，以免发生透支现象。

第三，加速收款。加速收款主要是指缩短应收账款周转期。发生应收账款会增加企业资金的占用，但它又是必要的，因为它可以扩大销售规模，增加销售收入。关键是要做到一方面利用应收账款吸引客户，另一方面还要想办法缩短收款时间。为此，企业需要权衡确定合理的收账政策。此外，企业想办法尽量缩短从客户开出支票到将支票送交银行办理结算的时间也能起到加速收款的作用。

第四，推迟应付款项的支付。推迟应付款项的支付是指企业在不影响自身信誉的条件下，充分利用供货方提供的信用优惠，尽可能地推迟应付款的支付期。如果急需现金，企业甚至可以放弃供货方的现金折扣优惠，在信用期的最后一天支付款项。当然，放弃现金折扣的成本是很高的，需要权衡利弊得失定夺。

（三）应收账款管理

应收账款从其产生来看主要有两个原因：①适应商业竞争的需要。在竞争机制的作用下，迫使企业以各种手段扩大销售。除了依靠产品质量、价格、售后服务、广告等之外，企业实施赊销策略也是扩大销售的手段之一。企业为适应竞争的需要采用赊销方式而形成的应收账款是一种商业信用，是应收账款发生的主要原因。②企业销售和收款上的时间差。就一般批发和大量生产的企业而言，发货的时间和收到货款的时间往往不同，作为销售方的企业承担由此产生的资金垫支，形成应收账款。由于销售和收款上的时间差造成的应收账款不属于商业信用，也不是应收账款管理的主要对象。

应收账款具有两面性：一方面，企业通过提供商业信用，采取赊销、分期付款等销售方式，可以扩大销售收入，降低存货，增加利润；另一方面，较高的应收账款会导致较高的相关成本发生。同时，较高的应收账款导致较高的资金占用，从而会影响企业资金的流动性和资金的利用效率。因此，应收账款的管理目标在于：在通过应收账款管理扩大销售收入、提高竞争能力的同时，尽可能地控制应收账款相关成本，并提高应收账款的流动性。

应收账款管理难度较大，需要在平时做好客户信用调查、客户信用评估、日常追踪及应收账款的保理等工作。

1. 客户信用调查

信用调查指收集和整理反映客户信用状况的有关资料的工作，它是正确评价客户信用的前提条件，是企业应收账款日常的基础。客户的信用调查一般有以下两条途径。

（1）直接调查。直接调查是指调查人员通过与被调查单位直接接触，通过当面采访、询问、观看等方式获取信用资料的方法。直接调查有利于企业快速、直接地获取所需要的信息，但直接调查获得的资料基本上是感性的资料，而且被调查单位有可能抵触调查或隐瞒对自己不利的信息。

（2）间接调查。间接调查是以被调查单位及其他单位保存的有关原始记录和核算资料为基础，通过加工整理获得被调查单位信用资料的一种方法。

2. 客户信用评估

收集好客户信用资料以后，就需要对这些资料进行分析、评价。企业一般采用“5C”系统来评价，并对客户信用进行等级划分。在信用等级方面，目前主要有两种：一种是三类九等，即将企业的信用状况分为 A、B、C 三类，以及 AAA、AA、A、BBB、BB、B、CCC、CC、C 九等，其中 AAA 为信用最优等级，C 为信用最低等级。另一种是三级制，即分为 AAA、AA、A 三个信用等级。

3. 应收账款的追踪分析

为了按期足额收回应收账款，企业有必要对该应收账款进行追踪分析。

（1）应收账款账龄分析。应收账款账龄分析是对应收账款账龄结构的分析，是指企业在某一时刻，将所发生在外各笔应收账款按照开票日期进行归类，计算出不同账龄的应收账款占总额的比重。

（2）应收账款收现保证率分析。应收账款收现保证率是为了适应企业现金收支匹配关系的需要，确定出的有效收现的账款应占全部应收账款的百分比，是二者应当保持的最低比例。

应收账款收现保证率指标反映了企业既定会计期间预期现金支付总额扣除各种可靠、稳定的现金来源后，必须通过应收账款有效收现予以弥补的最低保证程度，是企业控制应收账款收现水平的基本依据。

4. 应收账款的保理

保理又称托收保付，是指卖方（供应商或出口商）与保理商之间存在的一种契约关系。根据契约，卖方将其现在或将来的基于其与买方（债务人）订立的货物销售（服务）合同所产生的应收账款转让给保理商，由保理商提供下列服务中的至少两项：贸易融资、销售账户管理、应收账款的催收、信用风险控制与坏账担保。可见，保理是一项综合性的金融服务方式，其同单纯的融资或收账管理有较大区别。

应收账款保理是企业将赊销形成的未到期应收账款，在满足一定条件的情况下转让给保理商，以获得流动资金，加快资金的周转。保理可以分为有追索权保理（非买断型）和无追索权保理（买断型）、明保理和暗保理、折扣保理和到期保理。

有追索权保理是指供应商将债权转让给保理商，供应商向保理商融通货币资金后，如果购货商拒绝付款或无力付款，保理商有权向供应商要求偿还预付的货币资金，如购货商破产或无力支付，只要有关款项到期未能收回，保理商都有权向供应商进行追索，因而保理商具有全部“追索权”，这种保理方式在我国采用较多。无追索权保理是指保理商将销售合同完全买断，并承担全部的收款风险。

明保理是指保理商和供应商需要将销售合同被转让的情况通知购货商，并签订保理商、供应商、购货商之间的三方合同。暗保理是指供应商为了避免让客户知道自己因流动资金不足而转让应收账款，并不将债权转让情况通知客户。

折扣保理又称融资保理，即在销售合同到期前，保理商将剩余未收款部分先预付给销售商，一般不超过全部合同额的 70%~90%。到期保理是指保理商并不提供预付账款融资，而是在赊销到期时才支付，届时不管货款是否收到，保理商都必须向销售商支付货款。

应收账款保理对企业而言，其财务管理作用主要体现在三个方面：①融资功能。应收账款保理，其实质是利用未到期应收账款这种流动资产作为抵押进行融资。对规模小、销售业务少的企业来说，利用保理业务进行融资是一种较便利的选择。②减轻应收账款的管理负担。面对市场的激烈竞争，企业可以选择把应收账款转让给专门的保理商进行管理，使企业从应收账款的管理中解脱出来。③减少坏账损失、降低经营风险。企业可以利用买断型保理，将全部的收款风险转由保理商承担，有效地减少坏账损失。④增强销售能力。由于企业有能力利用应收账款保理融资，企业会对采购商的付款期限作出较大让步，从而大大增加了销售合同成功签订的可能性，拓宽企业的销售渠道。

（四）存货管理

存货是指企业在生产经营过程中为生产或销售而储备的物质，包括原材料、在产品、半成品、产成品等。存货是联系产品的生产和销售的重要环节，存货控制或管理效率的高低，直接反映并决定着企业收益、风险、流动性的综合水平，而且对大多数企业来说，存货在营运资金中往往占有较大的比重。因此，存货管理是企业财务管理的一项重要内容。

存货日常管理是营运资金管理的一个重要方面，搞好存货日常管理，对改善企业生产经营活动，提高流动资金利用效果具有重要的意义。

1.ABC 管理

ABC 管理又称重点管理，它是根据一定的标准对事物进行分类，分清重点和一般，区别对待实施管理的一种管理方法。其基本原理，可概括为“区别主次，分类管理”。存货 ABC 管理是将企业的各种存货按重要性程度分为 A、B、C 三类，分别实行按品种重点管理、按类别一般控制和按总额灵活掌握。

进行存货分类的标准有两个：一是金额标准；二是数量标准。其中金额标准是主要的，数量标准只作为参考。A 类存货的特点是金额大，品种数量少；B 类存货的特点是金额和数量水平一般；C 类存货的特点是金额小，但品种数量繁多。一般而言，三类存货的金额比重大致为 A：B：C=7：2 ：1；品种数量比重大致为 A：B：C=1：2：7。

对 A 类存货，企业应按每一个品种进行管理，严格控制，经常检查库存，认真确定其消耗定额、经济订货量等指标。对 C 类存货，企业可以采用简化的控制方式进行管理，一般只要把握一个总金额就可以了。对 B 类存货的控制介于 A 类存货和 C 类存货之间，企业可以通过划分类别的方式进行管理。

2. 零库存管理

零库存管理也叫适时制库存控制或看板管理，在这种管理系统下，企业应事先和供应商协调好，让供应商将必要的原材料和零部件，以必要的数量和完美的质量，在必要的时间，送往必要的地点。并且和客户协调好，在产品完工后不在企业停留立即送往客户手中。这样，企业的存货持有水平就可以大大下降，企业的供应、生产和销售形成连续、流畅的运动过程。显然，实施零库存管理需要稳定、标准的生产程序以及诚信的供应商，否则极易导致企业生产的停顿。目前，已经有越来越多的企业采用零库存管理减少甚至消除对存货的需求。零库存管理的思想被进一步发展应用于整个生产经营过程——集开发、生产、库存和分销于一体，大大提高了企业运营管理效率。

第三节　收入与利润分配管理

收入与利润分配管理是对企业收入与分配活动及其形成的财务关系的组织与调节，是企业进行销售预测和定价管理，并将一定时期内所创造的经营成果合理地在企业内、外部各利益相关者之间进行有效分配的过程。收入反映了企业经济利益的来源，利润分配反映了企业经济利益的去向，两者共同构成企业经济利益流动的完整链条。收入的初次分配是对成本费用的弥补，这一过程随着再生产的进行而自然完成，利润分配则是对收入初次分配结果的再分配。

一、收入管理

销售收入是企业收入的主体，此处所指收入主要指销售收入。企业销售收入是企业的主要财务指标，是企业资金运动的起点和终点，具有重要的经济意义，它是企业简单再生产和扩大再生产的资金来源，是加速资金周转的前提，所以必须加强企业销售收入的管理。制约销售收入的因素主要是产品的销售数量和销售价格，因此，企业在经营管理过程中一定要做好销售预测分析以及销售定价管理。

（一）销售预测分析

销售预测分析，是指通过市场调查，以有关的历史资料和各种信息为基础，运用科学的预测方法或管理人员的实际经验，对企业产品在计划期间的销售量或销售额作出预计或估量的过程。企业在进行销售预测时，应充分研究和分析企业产品销售的相关资料，例如，产品价格、产品质量、售后服务、信用政策等。此外，对企业所处的市场环境、物价指数、市场占有率及经济发展趋势等情况也应进行研究分析。销售预测的方法有很多种，主要包括定性分析法和定量分析法。

1. 定性分析法

定性分析法即非数量分析法，是指由专业人员根据实际经验，对预测对象的未来情况及发展趋势作出预计或估计的一种分析方法。一般适用于预测对象的历史资料不完备或无法进行定量分析时，销售预测的定性分析法包括：营销员判断法、专家判断法和产品寿命周期分析法。

（1）营销员判断法。营销员判断法又称意见汇集法，是指由企业熟悉市场情况及相关信息变化的营销人员对市场进行预测，再将各种判断意见加以综合分析、整理，并得出预测结论的方法。企业营销人员能充分了解市场现状以及本企业的生产、销售情况，因此在一定程度上保证了预测的准确性。这种方法的优点在于用时短、成本低、比较实用。但是这种方法单纯靠营销人员的主观判断，具有较多的主观因素和较大的片面性。

（2）专家判断法。专家判断法，是指由专家根据他们的经验和判断能力对特定产品的未来销售量进行判断和预测的方法。其主要有三种不同形式：①个别专家意见汇集法，即分别向每位专家征求对本企业产品未来销售情况的个人意见，然后将这些意见再加以综合分析，确定预测值；②专家小组法，即将专家分成小组，运用专家们的集体智慧进行判断预测的方法，专家小组法有助于专家们交换意见，通过互相启发，可以弥补个人意见的不足；③德尔菲法，又称函询调查法，它采用函询的方式，征求各方面专家的意见，各专家在互不通气的情况下，根据自己的观点和方法进行预测，然后由企业把各个专家的意见汇集在一起，通过不记名方式反馈给各位专家，请他们参考别人的意见修正本人原来的判断，如此反复数次，最终确定预测结果。德尔菲法的优点是可以避免群体决策的一些可能缺点，声音最大或地位最高的人没有机会控制群体意志。

（3）产品寿命周期分析法。企业不能期望产品永远畅销，因为一种产品在市场上的销售情况和获利能力并不是一成不变的，而是随着时间的推移发生变化，这种变化经历了产品的萌芽、成长、成熟和衰退的过程，就像生物的生命历程一样，所以称之为产品生命周期。产品生命周期就是产品从进入市场到退出市场所经历的市场生命循环过程，进入和退出市场标志着周期的开始和结束。产品寿命周期分析法，是指利用产品销售量在不同寿命周期阶段上的变化趋势，进行销售预测的一种定性分析方法。它是对其他预测分析方法的补充。在这一发展过程中，产品销售量的变化呈一条曲线，称为产品寿命周期曲线。判断产品所处的寿命周期阶段，可根据销售增长率指标进行。一般地，萌芽期增长率不稳定，成长期增长率最大，成熟期增长率稳定，衰退期增长率为负数。了解产品所处的寿命周期阶段，有助于正确地选择预测方法，例如，萌芽期历史资料缺乏，可以运用定性分析法进行预测；成长期可运用回归分析法进行预测；成熟期销售量比较稳定，适用趋势预测分析法。

产品生命周期是一个很重要的概念，它和企业制定产品策略以及营销策略有着直接的联系。产品生命周期也是营销人员用来描述产品和市场运作方法的有力工具。

2. 定量分析法

定量分析法也称数量分析法，是指在预测对象有关资料完备的基础上，运用一定的数学方法，建立预测模型，作出预测。它一般包括趋势预测分析法和因果预测分析法两大类。

（1）趋势预测分析法。趋势预测分析法，是指根据市场过去的变化趋势预测未来的发展，它的前提是假定事物的过去会同样延续到未来。市场预测的时间序列分析法，正是根据客观事物发展的这种连续规律性，运用过去的历史数据，通过统计分析，进一步推测市场未来的发展趋势。

趋势预测分析法突出了时间因素在预测中的作用，暂不考虑外界具体因素的影响。时间序列在时间序列分析预测法中处于核心位置，没有时间序列，就没有这一方法的存在。虽然，预测对象的发展变化是受很多因素影响的，但是，运用时间序列分析进行定量的预测，实际上将所有的影响因素归结到时间这一因素上，只承认所有影响因素的综合作用，并在未来对预测对象仍然起作用，并未去分析探讨预测对象和影响因素之间的因果关系。需要指出的是，趋势预测分析法因突出时间序列暂不考虑外界因素影响，因而存在着预测误差的缺陷，当遇到外界发生较大变化，往往会有较大偏差，时间序列分析预测法对中短期预测的效果要比长期预测的效果好。

（2）因果预测分析法。因果预测分析法，是指通过影响产品销售量（因变量）的相关因素（自变量）以及它们之间的函数关系，并利用这种函数关系进行产品销售预测的方法。因果预测分析法最常用的是回归分析法，因果预测分析法主要是先找出可用于预测的有关原因和关系，然后据此原因和关系对变量加以预测。在这种关系中，属于原因的变量称为自变量，它的变动会引起因变量的跟随变动。

（二）销售定价管理

在市场经济条件下，我国的价格体系和管理体制发生了深刻变革，以市场为导向的价格体系和运行机制已经基本形成。正确制定销售定价策略，直接关系到企业的生存和发展，加强销售定价管理是企业财务管理的重要内容。

销售定价管理，是指在调查分析的基础上，选用合适的产品定价方法，并根据具体情况运用不同价格策略，为销售的产品制定最为恰当的售价，以实现经济效益最大化的过程。

企业销售各种产品都必须确定合理的产品销售价格。产品价格的高低直接影响到销售量的大小，进而作用于企业的盈利水平。单价过高，导致销售量降低，如果达不到保本点，企业就会亏损；单价过低，虽然会起到促销作用，但单位毛利降低，使企业的盈利水平下降。因此，产品销售价格的高低，价格策略运用得恰当与否，都会影响到企业正常的生产经营活动，甚至会影响到企业的生存和发展。进行良好的销售定价管理，可以使企业的产品更富有吸引力，扩大产品的市场占用率。

1. 产品价格的影响因素

（1）价值因素。价格是价值的货币表现，价值的大小决定着价格的高低，而价值是由生产产品的社会必要劳动时间决定的。因此，提高社会劳动生产率，减少商品的社会必要劳动时间，可以相对地降低产品的生产成本，进而为降低产品的销售价格提供了机会。

（2）成本因素。成本是影响定价的基本因素。企业必须获得可以弥补已发生的成本费用足够多的收入，才能长久地生存发展下去；虽然短期内的产品价格可能会低于其成本，但是从长期来看，产品价格应等于总成本加上合理的利润，即产品售价必须足以补偿全部生产、管理、营销成本，并为企业提供合理的利润，否则企业无利可图，难以长久生存。

（3）市场供求因素。市场供求变动对价格的变动具有重大影响。当一种产品的市场供应大于需求时，就会对其价格产生向下的压力；而当其供应小于需求时，则会推动价格上升。市场供求关系是矛盾的两方面，因此，产品价格也会不断地波动。

（4）竞争因素。市场竞争程度的不同，对定价的影响也不同。竞争越激烈，对价格的影响也越大。在完全竞争的市场上，企业几乎没有定价的主动权，价格管理的核心问题是在产品价格既定的条件下，依据“边际收入与边际成本相等时，企业的利润最大化”的原则，决定预期实现最大化利润的产销水平；在不完全竞争的市场上，竞争的强度主要取决于产品生产的难易和供求形势。为了做好定价决策，企业必须充分了解竞争者的状况，最重要的是竞争对手的定价策略。

（5）政策法规因素。每个国家对市场物价的高低和变动都有限制和法律规定，同时每个国家都会通过生产市场、货币金融等手段间接地调节价格。企业在制定定价策略时一定要很好地了解本国或所在国有关产品销售价格管理方面的政策和法规。

2. 企业定价目标

定价目标，是指企业在一定的经营环境中，制定产品价格，通过价格效用实现企业预期的经营目标。要使销售定价管理卓有成效，企业必须制定与战略目标相匹配、切实可行的定价目标，以明确定价管理的方向，并用于指导选择适合的定价方法和价格运用策略。企业自身的实际情况及所面临的外部环境不同，企业的定价目标也多种多样，企业的定价目标主要包括以下五个方面。

（1）实现利润最大化。该目标通常是通过为产品制定一个较高的价格，从而提高产品单位利润率，最终实现企业利润最大化。它适用于在市场中处于领先或垄断地位的企业，或者在行业竞争中具有很强的竞争优势，并能长时间保持这种优势的企业。

（2）保持或提高市场占有率。市场占有率是指企业产品销售额在同类产品市场销售总额中所占的比重，其大小在一定程度上反映了企业的经营状况和竞争实力。以保持或提高市场占有率为定价目标，其目的是使产品价格有利于销售收入的提高，企业利润得到有效保障，并且可以有效打击竞争对手，这是一种注重企业长期经营利润的做法。企业为了实现这一目标，其产品价格往往需要低于同类产品价格，以较低的价格吸引客户，逐步扩大市场份额，但在短期内可能会牺牲一定的利润空间。因此，这种定价目标要求企业具有潜在的生产经营能力，总成本的增长速度低于总销量的增长速度，商品的需求价格弹性较大，即适用于能薄利多销的企业。

（3）稳定价格。为了长期稳定地占领市场，行业中能左右市场价格的一些大企业，往往希望价格稳定，在稳定的价格中获取稳定的利润。通常做法是由行业中的领导企业制定一个价格，其他企业的价格则与之保持一定的比例关系，无论是大企业，还是中小企业都不会随便降价。其优点是创造了一个相对稳定的市场环境，避免过度竞争产生两败俱伤的负面效应，减少风险，使企业能以稳定的价格获得比较稳定的利润。这种定价通常适用于产品标准化的行业，如钢铁制造业等。

（4）应付和避免竞争。企业参照对市场有决定性影响的竞争对手的产品价格变动情况，随时调整本企业产品价格。当竞争对手维持原价时，企业也保持原价；竞争对手改变价格时，企业也相应地调整价格，但是企业不会主动调整价格，这种定价方法主要适用于中小型企业。在激烈的价格竞争中，中小型企业没有足够的实力对价格进行干预，为了避免在竞争中被淘汰，必须与市场行情保持一致。

（5）树立企业形象及产品品牌。企业形象及产品品牌是企业在经营中创造的重要无形资产。价格是企业竞争的一种手段，表达了企业产品的定位，在一定程度上反映着企业形象和产品形象。以树立企业形象及产品品牌为定价目标主要有两种情况：①树立优质高价形象。某些品牌产品具有较高的质量的认知价值，会被某一客户群所认同和接受。企业在定价时，可以不拘泥于实际成本，而是制定一个较高的价格，产生一种品牌的增值效应。采用这种策略，不但可以使企业获得高额利润，而且还能满足消费者的心理需求。②树立大众化评价形象。通过大众化的评价定位，树立企业形象，吸引大量的普通消费者，以扩大销量，获得利润。

3. 产品定价方法

产品定价方法主要包括以成本为基础的定价方法和以市场需求为基础的定价方法两大类。

（1）以成本为基础的定价方法。在企业成本范畴中，基本上有三种成本可以作为定价基础，即变动成本、制造成本和全部成本费用。

由于变动成本是指在特定的业务量范围内，其总额会随业务量的变动而变动。因此可以作为增量产量的定价依据，但不能作为一般产品的定价依据。

由于制造成本是指企业为生产产品或提供劳务等发生的直接费用支出，但是它不包括各种期间费用，因此不能正确反映企业产品的真实价值消耗和转移。利用制造成本定价不利于企业简单再生产的继续进行。

全部成本费用是指企业为生产、销售一定种类和数量的产品所发生的所有成本和费用总额，包括制造成本和管理费用、销售费用及财务费用等各种期间费用。在全部成本费用基础上制定价格，既可以保证企业简单再生产的正常进行，又可以使劳动者为社会劳动所创造的价值得以全部实现。

第一，全部成本费用加成定价法。该定价法是指在全部成本费用的基础上，加合理利润来定价。合理利润的确定，在制造业一般是根据成本利润率，而在商业企业一般是根据销售利润率。

第二，保本点定价法。保本点定价法的基本原理，是按照刚好能够保本的原理来制定产品销售价格，即能保持既不盈利也不亏损的销售价格水平。采用这一方法确定的价格是最低销售价格。

第三，目标利润定价法。目标利润是指企业在预定时期内应实现的利润水平。目标利润定价法，是指根据预期目标利润和产品销售量、产品成本、适用税率等因素来确定产品销售价格的方法。

第四，变动成本定价法。当企业在生产能力有剩余时，增加生产一定数量的产品，这些增加的产品可以不负担企业的固定成本，只负担企业的变动成本。变动成本定价法，是指企业在确定价格时产品成本仅以变动成本计算。此处所指变动成本是指完全变动成本，包括变动制造成本和变动期间费用。

（2）以市场需求为基础的定价方法。以成本为基础的定价方法，主要关注企业的成本状况而没有考虑市场需求状况，因而运用这种方法制定的产品价格不一定满足企业销售收入或利润最大化的要求。最优价格应是企业取得最大销售收入或利润时的价格。以市场需求为基础的定价方法可以契合这一要求，主要有需求价格弹性系数定价法和边际分析定价法等。

第一，需求价格弹性系数定价法。产品在市场上的供求变动关系，实质上体现在价格的刺激和制约作用上。需求增大导致价格上升，刺激企业生产；而需求减小，则会引起价格下降，从而制约了企业的生产规模。企业可以根据需求价格弹性关系，通过价格的升降来作用于市场需求。

第二，边际分析定价法。是指基于微分极值原理，通过分析不同价格与销售量组合下的产品边际收入、边际成本和边际利润之间的关系，进行定价决策的一种定量分析方法。产品定价决策是最复杂的管理决策之一，影响着企业的经营规模、产品组合和长期获利能力。而边际分析法是以需求为导向的定价方法的一种主要方法。采用科学的边际定价法制定产品价格，将为企业谋求最大经济利益奠定理论基础。

边际是指每增加或减少一个单位所带来的差异。那么，产品边际收入、边际成本和边际利润就是指销售量每增加或减少一个单位所形成的收入、成本和利润的差额。按照微分极值原理，如果利润函数的一阶导数等于零，即边际利润等于零，边际收入等于边际成本，那么，利润将达到最大值。此时的价格就是最优销售价格。

当收入函数和成本函数均可微时，直接对利润函数求一阶导数，即可得到最优售价；当收入函数或成本函数为离散型函数时，可以通过列表法，分别计算各种价格与销售量组合下的边际利润，那么，在边际利润大于或等于零的组合中，边际利润最小时的价格就是最优售价。

二、利润分配管理

（一）股利政策

股利政策，是指在法律允许的范围内，企业是否发放股利、发放多少股利以及何时发放股利的方针及对策。股利政策的最终目标是使公司价值最大化。

股利往往可以向市场传递一些信息，股利发放的多寡、是否稳定、是否增长等，往往是大多数投资者推测公司经营状况、发展前景优劣的依据。因此，股利政策关系到公司在市场上、在投资者中间的形象，成功的股利政策有利于提高公司的市场价值。

股利政策由企业在不违反国家有关法律、法规的前提下，根据本企业具体情况制定。股利政策既要保持相对稳定，又要符合公司财务目标和发展目标。在实际工作中，通常有以下四种股利政策可供选择。

1. 剩余股利政策

剩余股利政策，是指公司在有良好的投资机会时，根据目标资本结构，测算出投资所需的股权资本额，先从盈余中留用，然后将剩余的盈余作为股利来分配，即净利润首先满足公司的股权资金需求，如果还有剩余，就派发股利；如果没有，则不派发股利。剩余股利政策的理论依据是股利无关理论。根据股利无关理论，在完全理想的资本市场中，公司的股利政策与普通股每股市价无关，故而股利政策只需随着公司投资、融资方案的制订而自然确定。因此，采用剩余股利政策时，公司须符合以下四方面的要求。

（1）设定目标资本结构，在此资本结构下，公司的加权平均资本成本将达最低水平。

（2）确定公司的最佳资本预算，并根据公司的目标资本结构预计资金需求中所需增加的权益资本数额。

（3）最大限度地使用留存收益以满足资金需求中所需增加的权益资本数额。

（4）留存收益在满足公司权益资本增加需求后，若还有剩余再用来发放股利。

剩余股利政策的优点是，留存收益优先满足再投资的需要，有助于降低再投资的资金成本，保持最佳的资本结构，实现企业价值的长期最大化。

2. 固定或稳定增长的股利政策

固定或稳定增长的股利政策，是指公司将每年派发的股利额固定在某一特定水平或是在此基础上维持某一固定比率逐年稳定增长。公司只有在确信未来盈余不会发生逆转时才会宣布实施固定或稳定增长的股利政策。在这一政策下，应首先确定股利分配额，而且该分配额一般不随资金需求的波动而波动。

固定或稳定增长股利政策的优点有以下三个。

（1）稳定的股利向市场传递着公司正常发展的信息，有利于树立公司的良好形象，增强投资者对公司的信心，稳定股票的价格。

（2）稳定的股利额有助于投资者安排股利收入和支出，有利于吸引那些打算进行长期投资并对股利有很高依赖性的股东。

（3）固定或稳定增长的股利政策可能不符合剩余股利理论，但考虑到股票市场受多种因素影响，为了将股利或股利增长率维持在稳定的水平上，即使推迟某些投资方案或暂时偏离目标资本结构，也可能比降低股利或股利增长率更为有利。

3. 固定股利支付率政策

固定股利支付率政策，是指公司将每年净利润的某一固定百分比作为股利分派给股东。这一百分比通常称为股利支付率，股利支付率一经确定，一般不得随意变更。在这一股利政策下，只要公司的税后利润一经计算确定，所派发的股利也就相应确定了。固定股利支付率越高，公司留存的净利润越少。

固定股利支付率政策的优点有以下两个。

（1）采用固定股利支付率政策，股利与公司盈余紧密地配合，体现了“多盈多分、少盈少分、无盈不分”的股利分配原则。

（2）由于公司的获利能力在年度间是经常变动的，因此每年的股利也应当随着公司收益的变动而变动。采用固定股利支付率政策，公司每年按固定的比例从税后利润中支付现金股利，从企业的支付能力的角度看，这是一种稳定的股利政策。

4. 低正常股利加额外股利政策

低正常股利加额外股利政策，是指公司事先设定一个较低的正常股利额，每年除了按正常股利额向股东发放股利外，还在公司盈余较多、资金较为充裕的年份向股东发放额外股利。但是，额外股利并不固定化，不意味着公司永久地提高了股利支付水平。

低正常股利加额外股利政策的优点如下：

（1）赋予公司较大的灵活性，使公司在股利发放上留有余地，并具有较大的财务弹性。公司可根据每年的具体情况，选择不同的股利发放水平，以稳定和提高股价，进而实现公司价值的最大化。

（2）使那些依靠股利度日的股东每年至少可以得到虽然较低但比较稳定的股利收入，从而吸引住这部分股东。

（二）股利支付的形式与程序

1. 股利支付的形式

（1）现金股利。现金股利是以现金支付的股利，它是股利支付最常见的方式。公司选择发放现金股利除了须有足够的留存收益外，还要有足够的现金，而现金充足与否往往会成为公司发放现金股利的主要制约因素。

（2）财产股利。财产股利是以现金以外的其他资产支付的股利，主要是以公司所拥有的其他公司的有价证券，如债券、股票等，作为股利支付给股东。

（3）负债股利。负债股利是以负债方式支付的股利，通常以公司的应付票据支付给股东，有时也以发放公司债券的方式支付股利。财产股利和负债股利实际上是现金股利的替代，但这两种股利支付形式在我国公司实务中很少使用。

（4）股票股利。股票股利是公司以增发股票的方式所支付的股利，实务中通常也称其为“红股”。发放股票股利对公司来说，并没有现金流出企业，也不会导致公司的财产减少，而只是将公司的未分配利润转化为股本和资本公积。但股票股利会增加流通在外的股票数量，同时降低股票的每股价值。它不改变公司股东权益总额，但会改变股东权益的构成。

可见，发放股票股利，不会对公司股东权益总额产生影响，但会引起资金在各股东权益项目之间的再分配，而且股票股利派发前后每一位股东的持股比例也不会发生变化。

2. 股利支付的程序

公司股利的发放必须遵守相关的程序要求。一般情况下，公司股利的发放先由董事会提出分配方案，然后提交股东大会决议，股东大会决议通过分配预案后，要向股东宣布发放股利的方案，并确定股权登记日、除息日和股利发放日。

（1）股利宣告日，即股东大会决议通过并由董事会将股利支付情况予以公告的日期。公告中将宣布每股应支付的股利、股权登记日、除息日以及股利支付日。

（2）股权登记日，即有权领取本期股利的股东资格登记截止日期。凡是在此指定日期收盘之前取得公司股票，成为公司在册股东的投资者都可以作为股东享受公司本期分派的股利。在这一天之后取得股票的股东则无权领取本次分派的股利。

（3）除息日，即领取股利的权利与股票分离的日期。在除息日之前购买股票的股东才能领取本次股利，而在除息日当天或是以后购买股票的股东，则不能领取本次股利。由于失去了“收息”的权利，除息日的股票价格会下跌。除息日是股权登记的下一个交易日。

（4）股利发放日，即公司按照公布的分红方案向股权登记日在册的股东实际支付股利的日期。

（三）股票分割与股票回购

1. 股票分割

股票分割又称拆股，即将一股股票拆分成多股股票的行为。股票分割一般只会增加发行在外的股票总数，但不会对公司的资本结构产生任何影响。股票分割与股票股利非常相似，都是在不增加股东权益的情况下增加了股份的数量，所不同的是，股票股利虽不会引起股东权益总额的改变，但股东权益的内部结构会发生变化，而股票分割之后，股东权益总额及其内部结构都不会发生任何变化，变化的只是股票面值。

股票分割具有以下作用。

（1）降低股票价格。股票分割会使每股市价降低，买卖该股票所需资金量减少，从而可以促进股票的流通和交易。流通性的提高和股东数量的增加，都会在一定程度上加大对公司股票恶意收购的难度。此外，降低股票价格还可以为公司发行新股做准备，因为股价太高会使许多潜在投资者力不从心而不敢轻易对公司股票进行投资。

（2）向市场和投资者传递“公司发展前景良好”的信号，有助于提高投资者对公司股票的信心。

与股票分割相反，如果公司认为其股票价格过低，不利于其在市场上的声誉和未来的再筹资时，为提高股票的价格，会采取反分割措施。反分割又称为股票合并或逆向分割，是指将多股股票合并为一股股票的行为。反分割显然会降低股票的流通性，提高公司股票投资的门槛，它向市场传递的信息通常是不利的。

2. 股票回购

股票回购，是指上市公司出资将其发行在外的普通股以一定价格购买回来予以注销或作为库存股的一种资本运作方式。公司不得随意收购本公司的股份，只有满足相关法律规定的情形才允许股票回购。

股票回购的方式主要包括公开市场回购、要约回购和协议回购三种。

（1）公开市场回购，是指公司在公开交易市场上以当前市价回购股票。这种回购方式很容易推高股价，从而增加回购成本，另外交易税和交易佣金方面的成本也很高。公司通常使用该方式在股票市场表现欠佳时小规模回购为特殊用途所需的股票。

（2）要约回购，是指公司在特定期间向股东发出以高出当前市价的某一价格回购既定数量股票的要约，并根据要约内容进行回购。它的优点是赋予所有股东向公司出售其所持股票的均等机会，而且通常情况下公司享有在回购数量不足时取消回购计划或延长要约有效期的权力。要约回购通常被认为是更积极的信号，其原因可能是要约价格存在高出市场当前价格的溢价。但是，溢价的存在也使得要约回购的执行成本较高。

（3）协议回购，是指公司以协议价格直接向一个或几个主要股东回购股票。协商的内容包括价格和数量的确定，以及执行时间等。很显然，这种方式的缺陷就在于透明度比较低，有违于股市公平公正与公开的原则。

（四）股权激励

随着资本市场的发展和公司治理的完善，公司股权日益分散化，管理技术日益复杂化。为了合理激励公司管理人员，创新激励方式，一些大公司纷纷推行了股票期权等形式的股权激励机制。股权激励是一种通过经营者获得公司股权形式，使他们能以股东的身份参与企业决策、分享利润、承担风险，从而勤勉尽责地为公司的长期发展服务的一种激励方法。在国际上，股权激励计划是上市公司比较普遍的做法。一般观点认为，股权激励计划可以把职业经理人与股东的长远利益、公司的长期发展结合在一起，可以一定程度防止经理人的短期经营行为，以及防范“内部人控制”等侵害股东利益的行为。现代企业理论和国外实践证明股权激励对改善公司治理结构，降低代理成本，提升管理效率，增强公司凝聚力和市场竞争力起到非常积极的作用。

现阶段，股权激励模式主要有以下四种模式。

1. 股票期权模式

股票期权模式，是指股份公司赋予激励对象（如经理人员）在未来某一特定日期内以预先确定的价格和条件购买公司一定数量股份的选择权。持有这种权利的经理人可以按照该特定价格购买公司一定数量的股票，也可以放弃购买股票的权利，但股票期权本身不可转让。

股票期权实质上是公司给予激励对象的一种激励报酬，但能否取得该报酬取决于以经理人为首的相关人员是否通过努力实现公司的目标。在行权期内，如果股价高于行权价格，激励对象可以通过行权获得市场价与行权价格差带来的收益，否则，将放弃行权。

股票期权模式的优点在于能降低委托代理成本，将经营者的报酬与公司的长期利益捆绑在一起，实现了经营者与企业所有者利益的高度一致，使两者的利益紧密联系起来，并且有利于降低激励成本。由于期权人事先没有支付成本或支付成本较低，如果行权时公司股票价格下跌，期权人可以放弃行权，几乎没有损失。

2. 限制性股票模式

限制性股票模式，是指公司为了实现某一特定目标，先将一定数量的股票赠予或以较低价格售与激励对象。只有当实现预定目标后，激励对象才可将限制性股票抛售并从中获利；若预定目标没有实现，公司有权将免费赠予的限制性股票收回或者将售出股票以激励对象购买时的价格回购。

由于只有达到限制性股票所规定的限制性期限时，持有人才能拥有现实的股票，因此在限制期间公司不需要支付现金对价便能留住人才。但限制性股票缺乏一个能推动企业股价上涨的激励机制，即在企业股价下跌的时候，激励对象仍能获得股份，这样可能达不到激励的效果，并使股东遭受损失。对处于成熟期的企业，由于其股价的上涨空间有限，因此采用限制性股票模式较为合适。

限制股票的特点是以公司的业绩为股票授予的条件，所以将公司的业绩与激励对象的收益联系得特别密切。只有公司业绩达到预定要求，激励对象才可以免费赠予或低价售与股票，才能抛售股票，否则激励计划取消。该模式在成熟型企业中能收到更好的效果，因为该类企业在短时间内股价上涨空间不会很大，所以激励对象的收益更多的来自股票本身而非股价的涨幅。

3. 股票增值权模式

股票增值权模式，是指公司授予经营者一种权利，如果经营者努力经营企业，在规定的期限内，公司股票价格上升或业绩上升，经营者就可以按一定比例获得这种由股价上涨或业绩提升所带来的收益，收益为行权价与行权日二级市场股价之间的差价或净资产的增值额。激励对象不用为行权支付现金，行权后由公司支付现金、股票或股票和现金的组合。

股票增值权模式比较易于操作，股票增值权持有人在行权时，直接兑现股票升值部分。这种模式审批程序简单，无须解决股票来源问题。但由于激励对象不能获得真正意义上的股票，激励的效果相对较差。另外，公司方面需要提取奖励基金，从而使公司的现金支付压力较大。因此，股票增值权激励模式较适合现金流量比较充裕且比较稳定的上市公司和现金流量比较充裕的非上市公司。

作为股权激励工具中的两个重要分支，股票期权和股票增值权既有着很多共同的特点，同时也有着本质的区别。如同硬币的两面，两者是独立客观存在的，不存在包含的关系。

（1）股票期权和股票增值权的共同特点。

第一，股票期权和股票增值权都是期权金融工具在企业激励中的应用，共同赋予激励对象一种未来的风险收益获取的权利，当市场价格高于激励对象的行权价格时，激励对象可以行权获得收益，否则激励对象可以放弃行权，避免损失。

第二，股票期权和股票增值权共同的获利原理均是二级市场股价和企业售与激励对象期权时约定的行权价格之间的差价。

第三，在可以实现的激励目标上，两者有很大的共同点，都具有很好的长期性和激励性，但约束性会偏弱一些。

（2）股票期权和股票增值权的区别。

第一，股票期权和股票增值权的区别主要在于激励标的物的选择。股票期权的激励标的物是企业的股票，激励对象在行权后可以获得完整的股东权益。而股票增值权是一种虚拟股权激励工具，激励标的物仅仅是二级市场股价和激励对象行权价格之间的差价的升值收益，并不能获取企业的股票。

第二，激励对象收益来源不同。股票期权采用“企业请客，市场买单”的方式，激励对象获得的收益由市场进行支付，而股票增值权采用“企业请客，企业买单”的方式，激励对象的收益由企业用现金进行支付，其实质是企业奖金的延期支付。

4. 业绩股票激励模式

业绩股票激励模式，是指公司在年初确定一个合理的年度业绩目标，如果激励对象经过努力后，在年末实现了公司预定的年度业绩目标，则公司给予激励对象一定数量的股票，或奖励其一定数量的奖金来购买本公司的股票。业绩股票在锁定一定年限以后才可以兑现。因此，这种激励模式是根据被激励者完成业绩目标的情况，以普通股作为长期激励的形式支付给经营者的激励机制。

业绩股票模式能激励公司高管人员努力完成业绩目标，激励对象获得激励股票后便成为公司的股东，与原股东有了共同利益，会更加努力地去提升公司的业绩，进而获得因公司股价上涨带来的更多收益。但由于公司的业绩目标确定的科学性很难保证，容易导致公司高管人员为获得业绩股票而弄虚作假，同时，激励成本较高，可能造成公司支付现金的压力。

业绩股票激励模式只对公司的业绩目标进行考核，不要求股价的上涨，因此比较适合业绩稳定型的上市公司及其集团公司、子公司。业绩股票在我国上市公司中最先得到推广，其主要原因有以下三个方面。

（1）对激励对象而言，在业绩股票激励模式下，其工作绩效与所获激励之间的联系是直接而紧密的，且业绩股票的获得仅决定于其工作绩效，几乎涉及不到股市风险等激励对象不可控制的因素。另外，在这种模式下，激励对象最终所获得的收益与股价有一定的关系，可以充分利用资本市场的放大作用，激励力度较大，但与此相对应的是风险也较大。

（2）对股东而言，业绩股票激励模式对激励对象有严格的业绩目标约束，权、责、利的对称性较好，能形成股东与激励对象双赢的格局，故激励方案较易为股东大会所接受和通过。

（3）对公司而言，业绩股票激励模式所受的政策限制较少，一般只要公司股东大会通过即可实施，方案的可操作性强，实施成本较低。

另外，在已实施业绩股票的上市公司中有将近一半为高科技企业，它们采用业绩股票模式的一个重要原因是目前股票期权在上市公司中的应用受到较多的政策和法律限制，存在较多的障碍。

第三章 财务管理模式与财务分析

第一节 财务管理集权型模式

集权型财务管理模式，是指在为更好地进行资金调配，优化资源配置，完成企业总财务目标，实现企业整体战略规划，一些企业内部将财务决策权、控制权、管理权全部集中在母公司，子公司仅拥有实施财务决策、短期财务规划和进行公司日常财务管理工作的权利，其重大财务活动均需要由母公司统一进行控制。

一、集权型财务管理模式的实行条件

发挥集权型财务管理体制的优点，避免其缺点，是准备运用集权型财务管理体制企业集团要考虑的关键点。从这一点来看，集团企业要想实行集权型财务管理体制，需要具备如下四个条件。

1. 高度发达的管理信息系统

在企业实行集权型财务管理体制时，为保证集团总部正确使用财务决策权，需要给集团总部管理者及时提供准确的信息，因此企业集团内部需要建立起高度发达的管理信息系统。这种信息系统不仅需要在各部门中建立现代的电子计算机网络系统，还需要在各个基层部门建立起信息收集和传递制度和程序，确保与决策有关的信息及时输入管理信息系统，供管理者决策使用。

2. 良好的企业文化

良好的企业文化是企业集团财务集权有效实施的基础，这种良好的企业文化包括：①各子公司之间相互支持，相互依靠的精神；②子公司经营者对企业集团总部的绝对支持和尊重，对总部管理者的信息要求能全盘相告；③企业集团总部对各子公司公平对待，不厚此薄彼。如果没有良好的企业文化，企业集团总部很难从各个子公司获得正确的信息，就很难进行正确的决策。

3. 子公司之间高度的业务相关性

企业集团进行集权型财务管理的一个重要优点，是能在集团内部进行资源优化配置，而这种优化配置的一个前提条件是子公司之间在业务上具有高度的相关性。如果各子公司之间业务上互不相关，那么彼此之间的决策就是独立决策，无须集团总部干预。因此，一

个行业高度集中的企业集团往往实行财务集权，而多元化企业集团却不一定要集权。

4. 集团总部具有强大的实质性管理能力

在集权型财务管理模式下，集团总部要能站在战略性高度全局性地考量整个集团的发展问题，需要对子公司的经营情况、资金情况、运营状况能进行实质性控制，集团总部管理者不仅能对整个集团的管理了如指掌，还要有强大的决策能力，能在不同状况下对集团生产经营具体事务作出准确判断和正确决策，这种模式对集团总部管理者提出了很高的要求。

二、集权型财务管理模式的实施

1. 统一集团管理政策

集团企业财务管理的基础是建立起集团基础的政策管理体系。企业内部集团由于结构复杂，涉及范围广泛，很多内部成员单位的会计核算科目、会计适用政策以及会计管理制度都大相径庭，各成员单位的财务信息也无法实现信息共享和相互借鉴。因此，集团内如果想要集权管理就需要使用统一的管理政策。

集团总部在制定管理政策时需要根据内部各成员单位的共性和个性特征结合现有会计政策选择适合集团自身的会计管理政策。企业集团通过统一的财务会计制度将整个财务业务进行规范和统一。而且，集团企业还应当根据内部各企业业务特征，形成统一的会计核算科目。当然这里所说的统一会计科目体系不是要求所有成员企业只使用一套会计科目，各成员单位可以根据自身核算要求设置符合自身业务特点的会计科目表。对会计科目表可以进行分级授权，让不同级别的企业根据自身业务需求自主扩展会计核算科目。集团企业通过将会计科目体系、核算流程和核算制度进行统一来实现会计管理的统一和规范，保证财务信息的及时性和准确性。

2. 集中会计核算管理

随着企业集团的飞速进步和发展，集团的财务核算业务也遇到越来越多的问题和挑战。集团企业由于地区不同、经营业务不同、分支机构众多等原因，集团的财务制度也很难执行贯彻到位。而且，由于集团内部下属企业不同的行业特点，各单位也会实行不同的核算口径，很容易出现各自为政的状况，这样就会出现会计信息传递滞后，集团总部管理部门难以掌握准确的财务信息的情况。面对这一问题，集团总部如果能利用现代信息技术平台，将整个集团的财务数据集中管理，就能解决上述问题。集团内部的其他子公司可以通过网络平台登录 ERP 软件客户端，实现对总部数据平台的访问，并进行本企业的会计处理，保证集团的财务数据能及时被收集，随时可以查询、统计和分析，使企业集团会计信息准确及时。使用集中企业的会计核算模式，集团能及时对财务状况进行跟踪管理，及时处理重点业务，高效执行财务政策，有效分析财务指标，最大程度实现集团的经营目标。

3. 实行全面预算管理

集团企业想要实现战略管理执行目标必然离不开预算管理，因此，集团企业的财务集中管理要求必须实现全面预算管理。集团内部的子公司很多，全面预算管理的实现可以循序渐进、逐步实现。①领导要提高认识，使企业内部各部门权责明晰、思想一致，全力配合；②集团的全面预算管理需要将集团的整个战略目标逐层分解和综合汇总，从而帮助战略目标的实现；③通过科学的数据提取方式，实现预算的精准编制；④高效利用预算预警平台、协同平台、工作流程等对预算执行进行全方位多角度的监督；⑤通过总账及业务系统的数据集成、资金的有效管理和预算执行的有效监控，及时查找问题，纠正错误，保证集团战略目标的达成。

4. 实现资金集中管理

集团内部的子公司根据自身经营情况会对资金有不同的管理需求。集团总部通过资金的集中管理，能统筹规划资金的使用，提高资金的使用效率。与此同时，统一的资金管理能在同金融机构发生借贷业务时获取更多的下浮利率，从而帮助企业节省财务费用。利用结算中心、内部银行、财务公司等模式对资金进行统一结算，能使资金的使用得到科学分配和使用，对资金使用的全过程进行有效监督和控制。对于企业发生的重大融资活动，企业可以通过信用额度管理制度、投融资管理制度等确定职责主体，明确审批流程，通过集体审议制度等防范资金使用风险。

5. 统一财务报告体系

采用统一的财务报告模板和填报方式建立起规范统一的财务报告体系，使集团总部能高效地收集、分类使用各类财务指标，保证财务报告的准确性和规范性。集团总部能通过集团报表或快报的方式及时整理、收集、汇总、加工和反馈财务信息，将这些信息作为集团管理层的决策依据，满足管理者的管理需要。

第二节　财务管理分权型模式

“企业集团是优化资源配置、适应经济全球化而出现的新型企业组织形式。伴随市场经济体制改革的不断深入，为适应多变的外部环境，我国企业集团由集权向分权化的管理模式转变。随之出现的分权型财务管理成为企业集团所面临的重要课题。”[①]分权型财务管理模式，是将企业集团财务决策权、控制权、管理权等权力下放给各子公司，仅对重大生产经营或财务活动进行决策或审批，子公司日常的生产经营与财务活动具有自主权，母公司不再对各项生产经营或财务活动进行全方位管理和干涉，仅对其结果进行控制和考评。

一、企业集团采用分权型财务管理模式的优势

与集权型财务管理模式完全相反，分权财务管理模式的制定和实施，目的在于使企业发展因过度集权所面临的局限于困境得到有效缓解，因此，在分权财务管理模式的实施过程中，集权型财务管理模式的弊端均得到了妥善解决。

第一，相对于全方位管理，企业集团母公司逐渐将权力下放至子公司，确保子公司享有自身的生产经营和财务决策自主权，从某种程度上来讲，权力下放极大地激活了子公司的自主性、能动性和创造性，同时，由于子公司的依赖性相对减轻，所以，母公司以往所面临的繁重的财务管理活动负担也得到了有效减轻，这对母公司集中精力在解决企业集团战略性发展问题上同样具有重要意义。

第二，作为与市场最贴近的“先锋部队”，各子公司能及时掌握一手信息资料，当一定的生产经营和财务管理决策权集中到各子公司之后，他们便可以在第一时间反馈信息，从而使信息向上传递过程中不可避免地面对的时效性、精准度等问题得到有效避免。

第三，分权型财务管理模式的应用，使子公司权责范围内的财务决策权得到了有效尊重和发挥，而对财务决策时间的合理控制，进一步加大了财务决策的灵活性。整体上来讲，这种更具时效性和针对性的模式，更有助于子公司对千变万化市场情况的及时应对。

第四，子公司自主负责生产经营和财务决策管理，能使企业集团和子公司职能部门之间的业务量得到大大降低，还可以使职能部门管理人员的数量得到合理控制，除了办事效率的提高外，还能使企业集团的管理成本得到有效降低。

二、分权型财务管理模式的实施

使用会计报表信息辅助领导决策具有非常重大的现实意义，这也为企业转变管理会计师角色，利用会计信息参与决策、实行分权提供了坚实的理论基础。分权模式激发了下级单位管理会计师建立会计信息系统和提升会计信息决策有用性的积极性，使管理会计师在企业经营管理中扮演的角色发生转变。同时，管理会计师在企业经营管理中扮演的角色发生转变也会影响到分权型财务管理模式实施。因此，以下以管理会计师的角色为主，探讨分权型财务管理模式的实施。

---

① 张金斗 . 企业集团分权型财务管理模式的效用研究 [J]. 现代经济信息，2020（16）：60.

（一）管理会计师的角色定位

1. 辅助首席执行官

在以往的决策过程中，管理会计师通常被等同于单纯的信息资源提供者，现如今，管理会计师的角色已经得到了进一步丰富和完善。具体来讲，管理会计的职能也实现了向决策履行、规划制定和考核控制的丰富。作为 CEO（首席执行官）的“智多星”，管理会计师是企业战略决策者的最得力助手。因此，在实际工作当中，管理会计师除了要对现有范围内的经济活动予以把握，更要对未来的各种经济活动予以控制。

2. 制定企业发展战略

得益于快速发展的经济情况，管理会计师的角色也在会计分析的促使下超越了以往的简单成本管控，这就使管理会计师在企业中的工作范围得到了很大程度上的拓宽，特别是在企业经济活动的确定、资源配置和产品发展设计，以及采购物资、产品分销营销或售后服务等产业资源分配问题上，管理会计师所发挥的作用也越发明显。自此，管理会计师以往的单一成本核算职能也得到了根本性变革，并逐步发展为企业战略决策和业务合作的参与者。这就要求管理会计师，必须提升自身的规划意识，要懂得站在思想高度为企业的未来发展路线进行谋划和预估，从而使企业的会计工作得到不断完善，同时，还要能完成核算规程的独立设计，以在企业衡量未来可能面临的投资风险以及针对性风险预防方法方面提供帮助。

从现实层面来讲，受到有限的企业资源影响，企业管理通常会面临极大的资源分配压力，在这种情况下，管理会计师就需要为企业管理层提供帮助，以保障企业管理决策中资源组织工作的效率和质量。同时，管理会计师所遵循的管理导向也能提高企业对资源应用成效加以监督的整体水平。

（二）管理会计师的角色转变

1. 从外部环境出发

优化会计管理师的决策参与环境。良好的制度环境是提高会计信息质量的重要保障，尽管我国的企业会计准则体系和管理会计体系建设意见日臻完善，甚至与国际趋同，但企业的落实情况却并不理想，甚至出现两极分化情况，所以，对制度的执行和监督力度加以强化至关重要。

独立管理会计部门的设置。我国个别企业对管理会计重要性的认识尚处于萌芽阶段，很多财务会计工作仍由很多管理会计负责，尽管部分企业也完成了管理会计部门的设立工作，如预算管理、成本管理等，但从实践层面来讲，这种实践并没有进一步明确财务会计师与管理会计师的详细分工。所以，为了使管理会计师的权力、职责和权责范围得到进一步明确，就需要设立专门的管理会计部门。在此基础上，需要以科学合理的薪酬激励制度和监督制度来对管理会计师和管理会计员工进行更大强度的监督与管理，从而使管理会计部门所提供的管理会计信息尽可能真实和可靠，以更好地服务于企业的经营决策需要。

以相应的监督机制相配合。出于某种特定需求的考量，很多会计师或管理层也可能不会严格执行会计准则，所以，为了实现会计师或管理层之间的互相监督、互相制衡，就需要建立相应的监督机制，比如审计准则、监管机制和会计人员评价体制等，以此来规范和约束会计师和管理层的相关工作，使实际工作合乎制度规范，最终为企业决策科学性、精准性和真实性的提高提供重要保障。

2. 从个人内在发展出发

公司要进一步强化管理会计师人才队伍的建设力度，这是因为，不断发展的经济实况，日益复杂化、多元化的会计制度变迁，以及企业发展过程中所呈现出的诸多特性，都要求管理会计师必须积极履行自身的职责。而管理会计的水平不同，会直接影响判断的准确程度。为此，企业还需要特别关注会计师的继续教育，通过定期培训、定期考核等途径来提高会计师的业务水平、判断能力，拓宽会计师的知识面和职业视野，锻炼会计师的实践操作能力，从而确保所培养的综合型管理会计师能及时转变自身的角色定位，以更好地适应国际变化和企业要求。

第三节　财务管理混合型模式

集权型财务管理模式和分权型财务管理模式，这两种财务管理模式各有各的优点，也各有各的缺点。正因为这两种财务管理模式并不完美，且优缺点十分明显，因此，可以将二者结合起来，从一个灵活的角度去分析财务管理模式——混合型财务管理模式。

混合型财务管理模式通过对母公司与子公司之间应有权利的合理界定，将“集权”与“分权”相融合，很好地结合了集权型财务管理模式与分权型财务管理模式两种模式的优点，既能发挥企业集团母公司作为生产经营与财务管理核心的财务调控职能，又能更好地调动子公司的自主性，从而对市场变化迅速作出反应。

在混合型财务管理模式下，母公司给予子公司自主经营、权力下放的同时，采用适当的集权，增加内部控制系统，保证信息收集的系统性、完整性、准确性，阻绝了代理问题发生的条件，也避免因过度集权，而造成管理成本过高、管理效率较低，“代理收益”小于“代理成本”的问题。

混合型财务管理模式根据集权、分权所占比例的不同，又细化分为两种类型——相对集权型模式和相对分权型模式。

一、相对集权型模式

相对集权型模式主要强调的是集权的核心地位和分权的辅助作用，这一特性既肯定了集权型财务管理模式的优势，同时也有效地解决了因集权情况过于严重而导致的子公司主动性、积极性、创新性不足的问题。在这种财务管理模式作用下，母公司财务部门和子公司均可以对子公司的财务部门进行管理和控制，也就是所谓的“双重管理”。尽管对于本公司的经营活动和财务活动，子公司的财务部门获得了一定的自主权，但母公司财务部门依然需要在使用与调配资金、投资决策以及分配利润等方面对子公司财务部门加以约束和限制。因此，整体上来讲，相对集权型模式较低的分权程度以及子公司应对市场变化灵活度不足等劣势依然十分明显。

二、相对分权型模式

相对分权型模式强调分权的主要地位和集权的辅助作用，将此种模式与财务管理有机融合，使子公司财务管理部门在生产经营、资金调配以及小范围投资决策方面的自主权得到了充分尊重和有效发挥，对母公司来讲，也只需要在重大投资、筹资决策以及与企业集团整体利益分配相关的重大问题上作出决策。整体上来讲，相对分权型模式能使子公司的主动性得到充分发挥，也可以使子公司在应对市场变化方面更加灵活高效，使子公司的潜能得到充分激发。但同时，也会在企业集团对内部资源加以配置、资金调用等方面造成极大的阻碍。

这两种模式各有千秋，需要企业集团具体情况具体分析，根据自己实际情况进行选择。

三、混合型财务管理模式的实施

（一）重视管理职权的重要性

财务管理体制的核心是管理职权，但在混合式集团企业财务管理体制的构建过程中，在界定母、子公司财务管理职权方面存在着极大的难度。本质上来讲，混合式财务管理体制并不等同于对财权的简单平均分配，集团企业对母、子公司财权范围的划分需要严格落实重要性原则。所谓“重要性”，并没有统一化的衡量标准，集团企业的属性和特性不同，就会有不同的“重要性”原则。当然，部分集团战略也会受到财权的直接影响，其“重要性”已经得到了实践检验，具体来讲，主要表现为以下两点。

1. 集团财务会计制度的制定权

财务会计制度的设立，可以对集团成员的财权范围予以明确、对财务行为予以规范，除了可以为母公司提供统一化的财务信息口径，同时，可以为会计信息的完整性、真实性以及财务决策效率的显著提高提供重要保障，还能确保母公司其他财权的集中行使以及对子公司财务活动的有效控制有据可依。所以，母公司应当将集团财务会计制度的制定权集中起来，并依照财务会计制度的制定来保障母公司其他需要集中行使的财权。

2. 年度财务预算审批与考核权

混合式财务管理体制对重大财权予以集中的根本目的在于为公司工作目标适应集团整体战略提供重要保障。母公司对子公司的工作目标予以指导通常会采用预算管理的方式，该方式的核心便在于财务预算。具体来讲，年度财务预算的编报，可以使母公司对子公司相关责任目标的完成情况以及具体缘由形成全面认识。同时，基于年度财务预算审批权的行使，母公司也可以对子公司的计划工作目标与集团要求之间的差异形成全面了解，更可以以财务数据为依据来量化子公司的权限空间和责任范围。此外，母公司预算考核权的行使，也可以对子公司是否按照既定的责任目标开展生产经营情况予以督促。因此，母公司需要将年度财务预算审批权和考核权集中在手中，一方面保障母公司和子公司经营目标的一致性，另一方面以分项预算数据为依据，在事前有效控制、事后有效监管子公司的各类财务活动，如资本性投资与筹资等。

（二）关注组织形式的设置

作为实现管理职权的重要保障，组织形式主要由母、子公司两个维度的财务管理机构构成。以自身的实际规模和业务属性等因素为出发点，子公司可以对本企业的财务管理机构进行个性化设置，通常一名会计、一名出纳是构成子公司财务岗位的基本配置。此外，以企业自身的实际规模、需求选择为出发点，子公司还可以设置总会计师、财务部门主任、财务主管等职位，以确保会计工作与财务工作的权责分明、责任到人，甚至还可以依照岗位明细对会计和财务管理工作进行进一步划分。

母公司除了需要设置满足本部日常财务管理需求的机构外，还需要针对集中行使的财权设置如下职能组织或岗位。

第一，建立投资中心。投资中心主要管理集团企业的投资活动，包括考虑投资方向、对投资项目开展可行性研究、追踪管理投资项目等。

第二，建立财务预算管理中心。财务预算管理中心主要负责：①审批子公司年度财务预算；②编制母公司和集团企业整体财务预算；③监督母公司及各子公司财务预算的执行；④对集团各成员的预算执行情况进行考核；⑤制订利润分配方案等。

第三，建立会计核算中心。会计核算中心主要负责母公司日常会计核算，并对子公司会计核算公司进行指导和监督。如定期对子公司会计核算工作进行检查，定期组织会计专业培训等。

第四，建立资金中心。资金中心主要负责资金筹集和集团内资金调度，提高资金使用率。集团内个别成员出现资金短缺时，先由资金结算中心通过内部融通的形式进行资金调度，如果内部调度无法解决成员单位资金缺口，则寻求外部筹资。资金中心的工作内容包括：①审批子公司资金预算；②调度子公司资金；③计算筹资金额；④确定筹资方式；⑤选择筹资渠道等。

第五，母公司向子公司委派财务总监。财务总监在子公司经营场所办公，代表母公司控制、监督子公司财务活动，避免“逆向选择”和“道德风险”的发生，维护集团整体利益。虽然财会人员有责任据实向所有者报告本企业的财务状况和经营成果，但在实际工作中，由于直接利益受企业经营者控制，财会人员往往与企业经营者站在同一立场，影响会计信息的真实性。母公司向子公司委派的财务总监，其职务变更、业绩考核均在母公司，所以，财务总监在履行职责时，可以最大限度地避免受到子公司经营者的负面影响，站在集团企业的角度进行决策。

（三）制定明晰的管理制度

管理制度亦是管理职权实现的保障。它是母、子公司财务部门在从事财务管理活动和处置财务关系时所必须遵守的准则。除了遵守财政、税务等国家机关出台的法规外，集团企业需要制定统一的内部财务会计制度，确定各成员企业的权责，规范子公司行为。母公司负责制定统一的财务会计制度，包括财务管理体制、资本金管理制度、资产管理制度、成本费用管理制度、收入利润管理制度、财务报告与评价制度等。母公司还可以通过制定内部审计制度对子公司财务集中控制的结果进行审查，保证集中财权的效力和集团财务会计制度的执行力。子公司应执行集团统一制度，如果统一制度没有对某项具体财务活动进行规范，子公司可以在不违背统一制度精神的前提下，根据自身具体情况制定明细的制度，或是根据统一制度制定实施细则。

第四节　财务管理中的财务分析

一、财务分析的意义

1. 投资者角度

一般来讲，投资者最注重的是企业的投资回报率水平，又十分关注企业的风险程度，不但要求了解企业的短期盈利能力，也要考虑到企业长期的发展潜力，企业财务分析对投资者具有十分重要的意义。它不但说明企业的财务目标是否最大限度地实现，也为投资者做出继续投资、追加投资、转移投资或抽回投资等决策提供最重要的信息。如果是上市公司，作为投资者的股东，还要了解公司每年的股利分配情况及股票市场的市价变化等。

同时，对投资者来讲，不仅仅要求获得当前的盈利和风险的分析信息，更要求获得各期动态分析的信息，这对投资决策更有价值。

除此之外，作为企业的权益者，利用财务分析的结论，可以了解经营者受托责任的完成情况，评价经营者的经营业绩，为继续聘用、重用、奖励或惩罚及解聘某些经管人员提供依据。

2. 债权者角度

债权人更多地关心企业的偿债能力，关心企业的资本结构和负债比例，以及企业长短期负债的比例是否恰当。一般来讲，短期的债权人更多地注重企业各项流动比率所反映出来的短期偿债能力。而作为长期债权人，则会更多地考虑企业的经营方针、投资方向及项目性质等所包含的企业潜在财务风险和偿债能力。

同时，长期债权人也要求了解企业的长期经营方针和发展实力及是否具有稳定的盈利水平，这是对企业持续偿债能力的基本保证。所有这些都要通过全面的财务分析才能实现，并要提供具有针对性的财务指标及相关信息。

3. 经管者角度

财务分析信息对提高企业内部经营管理水平，制定有效的内外部决策都具有重要意义。企业外界的利益者对企业的影响是间接的，而企业经营管理当局利用财务分析信息能马上应用于管理实务，对促进企业各级管理层综合管理水平的提高至关重要。对应用企业内部管理财务分析信息的要求越具体和深入，越有助于企业的经管当局及时了解企业的经营规划和财务、成本等计划的完成情况，并通过分析各种主观、客观原因，及时采取相应的措施，改善各个环节的管理工作。

同时，财务分析信息也是企业内部总结工作业绩，考核各部门经营责任完成情况的重要依据。

4. 内部员工角度

内部员工不但关心企业目前的经营状况和盈利能力，也同样关心企业的经营前景，他们也需要通过财务分析资料来获取这些信息，知道其辛勤劳动获取了怎样的成果，企业和本部门的有关指标是否完成，了解各种工资、奖金和福利变动的原因以及企业的稳定性和职业的保障程度等。

二、财务分析的重要作用

作为一项运筹和谋划全面效益的管理活动，财务分析日益受到人们的重视。财务分析从其主体看，包括了投资者进行的财务分析，经营者进行的财务分析，债权人进行的财务分析，政府管理部门进行的财务分析，以及其他利益相关者进行的财务分析；财务分析从其服务对象看，包括债权人、投资者、经营者、政府管理部门等利益相关者等；无论从其主体还是从其服务对象看，财务分析都有着广阔的发展前景，它将在经济建设中发挥越来越重要的作用。可以预见，随着我国社会主义市场经济体制的建立与完善，财务分析的作用越来越巨大，具体表现在以下四个方面。

第一，财务分析可为投资者进行投资决策提供科学依据。企业的投资者是企业风险的承担者，投资者尽管投资目的不同、投资方式各异，但都极为关心企业的盈利能力、营运能力、偿债能力和发展能力，而财务分析能为不同的投资者提供有关企业的财务状况和经营成果的分析资料信息，以供投资决策时参考。

第二，财务分析可促进资本市场的健康发展。随着社会主义市场经济体制的建立与完善，我国的资本市场机制也在发展中日益成熟与健全。上市公司通过财务分析定期公布有关企业的财务状况、经营成果、投资风险、盈利能力等一系列反映企业经营管理水平方面的分析指标，有助于有价证券买卖双方交流信息、调整心态、选择机会、正常交易，必然促进证券市场的良性运行和健康发展。

第三，财务分析有利于维护金融秩序。银行和其他金融机构作为主要信贷操作者，向企业提供信贷资金，即形成债权人与债务人的关系。信用操作者极为关心企业的财务状况。为确保债权稳定、不遭受损失，信用操作者通过分析财务资料对企业的信用程度、偿债能力和盈利能力等作出了正确判断，以保证发放贷款等信贷资金的安全性，从而有利于加强金融监管、防止金融犯罪，有利于促使企业合理地进行负债经营，保证金融秩序的正常与稳定。

第四，财务分析有利于加强企业管理，提高经济效益。企业管理者通过财务分析，可以深入了解企业财务状况、经营成果和各种经济信息。财会人员应及时向企业各级管理部门提供财务报表及其分析资料，以便企业管理人员，特别是领导层随时掌握企业动态，应付不断变化的客观情况，正确估计当前财务状况，评估各种财务方案，借以作出合理决策。企业管理人员还应通过财务分析对各项指标变动情况及其影响因素进行更深层次的分析，以便及时发现问题、寻找原因、制定措施，不断提高企业管理水平，争取实现更大的经济效益。

第四章　成本控制的原理与体系

第一节　成本与成本管理的认知

一、成本的认知

随着科技的变迁与经济的发展，理财环境随之更新。企业的财务管理目标已不再是利润最大化或投资报酬率最大化，而是通过综合利用管理信息、灵活运用会计方法，参与企业的预测、计划、决策、控制、评价等活动并为之提供财务信息，推动企业实现战略管理目标，从而在长期经营活动中取得竞争优势，实现企业价值的最大化。成本管理一直是企业经营管理的一项中心工作，直接关系到企业的生存与发展。在遵循成本效益的原则下，成本管理活动应权衡实施成本和预期效益，合理、有效地推进成本管理的应用。尽管企业可以采用不同的战略来开发其竞争优势，但无论采用哪一种方式，都离不开成本管理。成本管理领域应用的工具方法也有很多种，包括但不限于目标成本管理、标准成本管理、变动成本管理、作业成本管理、生命周期成本管理等。现代成本管理已成为企业管理的重要组成部分，是实现现代企业目标的一个必要途径。

成本是商品经济的价值范畴，是商品价值的组成部分。人们要进行生产经营活动或达到一定的目的，就必须耗费一定的资源（人力、物力或财力）。为了达到特定目标所失去或放弃资源的货币表现称之为成本。随着商品经济的不断发展，成本概念的内涵和外延都处于不断的变化发展中。今天对于成本的定义已不再仅仅局限于产品成本的范畴，成本的外延除了产品成本的概念与内容外，它还包括劳务成本、工程成本、开发成本、资产成本、资金成本、质量成本、环保成本等，具体有以下三个方面的含义。

第一，成本属于商品经济的价值范畴，即成本是构成商品价值的重要组成部分，是商品生产中生产要素耗费的货币表现。

第二，成本具有补偿的性质，它是为了保证企业再生产而应从销售收入中得到补偿的价值。

第三，成本本质上是一种价值牺牲，它作为实现一定的目的而付出资源的价值牺牲，可以是多种资源的价值牺牲，也可以是某些方面的资源价值牺牲，甚至从更广的含义看，成本是为达到一种目的而放弃另一种目的所牺牲的经济价值，在经营决策中所用的机会成本就有这种含义。

除此之外，由于成本管理的不同目的，形成了对成本信息的不同需求，使成本有各种各样的组合，同时人们对它的认识也在日趋深化，于是目标成本、可控成本、责任成本、相关成本、可避免成本等新的成本概念源源不断地涌现，形成了多元化的成本概念体系。

二、成本管理的认知

（一）成本管理的意义

成本管理是指企业在运营过程中实施成本预测、成本决策、成本计划、成本核算、成本分析和成本考核等一系列管理活动的总称，其目的在于在保证产品质量的前提下，挖掘降低成本的途径，达到以最少的生产耗费取得最大的生产成果。

第一，通过成本管理活动可以降低产品成本。企业在生产过程中发生的各项支出称为生产费用。生产费用并不全都形成产品成本。从补偿的角度出发，企业取得的销售收入，应补偿产品生产过程中支出的成本，只有这样，企业才能维持再生产。如果销售收入大于成本，则形成企业的盈利，可用于企业的扩大再生产；若小于成本，则是亏损。如果亏损总额持续扩大，企业不但不能继续经营下去，还面临着破产的危险。成本水平的高低，直接威胁到企业的生存。因此，降低成本就成为成本管理的重要任务。

第二，通过成本管理活动可以提高企业的经营管理水平。成本指标是一项综合性的经济指标，企业各项工作的好坏，最终都能在成本指标的高低上体现出来。通过企业成本管理工作，能揭示企业在经营管理工作中存在的问题，找出产生问题的原因，提出进一步改进的措施。因此，成本管理工作的开展，可以促使企业改善生产管理、技术管理、质量管理、劳动管理、物资管理等方面的经营管理工作，提高企业的经营管理水平。

第三，通过成本管理活动可以提高企业的经济效益。成本费用是抵减利润的因素。成本费用的降低，则意味着利润的增加。因此，通过成本管理工作的开展，可从不同角度出发，降低成本费用，提高企业整体的经济效益。

第四，通过成本管理活动可以提高企业的竞争能力。企业成本水平的高低，对产品的价格影响很大。若企业的成本水平较低，产品价格就可以定得较低；若成本水平较高，低价格就会使企业处于不利的境地。通过有效的成本管理活动可以降低企业的成本水平，提高企业在市场中的竞争能力。

第五，通过成本管理活动可以提高企业员工的成本意识。成本管理除了要应用科学的方法外，还要求成本管理人员有强烈的成本意识。这里所说的成本意识，是指应破除“成本降低的潜力已无法挖掘”的思想。应当认为，成本降低的潜力是很大的，它没有尽头，关键在于成本管理人员应重视成本管理。

（二）成本管理的理论体系

1. 成本管理的对象

成本管理的对象是与企业经营过程相关的所有资金耗费。它既包括财务会计计算的历史成本，也包括内部经营管理需要的现在和未来成本；既包括企业内部价值链内的资金耗费，也包括行业价值链整合所涉及的客户和供应商的资金耗费。

成本管理的对象最终是资金流出，但是具体到每个企业的成本管理系统，成本管理的对象还是有所不同。传统的简单加工型小企业的成本管理仅限于进行简单的成本计算，其成本管理对象也就限定在企业内部所发生的资金耗费。而自身处于激烈竞争的大型企业为赢得竞争，必须关注企业的竞争对手和潜在的所有利益相关者，因此其成本管理对象也就突破了企业的界限，凡是和企业经营过程相关的资金消耗都属于成本管理的范围。

2. 成本管理的目标

成本管理的基本目标是提供信息、参与管理，但在不同层面上又可分为总体目标和具体目标两个方面。

（1）成本管理的总体目标。成本管理的总体目标是为企业的整体经营目标服务的，具体来说，包括为企业内外部的相关利益者决策提供其所需的各种成本信息和通过各种经济、技术和组织手段实现控制成本水平。在不同的经济环境中，企业成本管理系统总体目标的表现形式也不同，而在竞争性经济环境中，成本管理系统的总体目标主要依竞争战略而定。在成本领先战略指导下，成本管理系统的总体目标是追求成本水平的绝对降低；而在差异化战略指导下，成本管理系统的总体目标则是在保证实现产品、服务等方面差异化的前提下，对产品全生命周期成本进行管理，实现成本的持续性降低。

（2）成本管理的具体目标。成本管理的具体目标可分为成本计算的目标和成本控制的目标。

第一，成本计算的目标是为所有信息使用者提供成本信息。外部信息使用者需要的信息主要是关于资产价值和盈亏情况的，因此成本计算的目标是确定盈亏及存货价值，即按照成本会计制度的规定，计算财务成本，满足编制资产负债表的需要。而内部信息使用者利用成本信息除了了解资产及盈亏情况外，主要是用于经营管理，因此成本计算的目标即通过向管理人员提供成本信息，借以提高人们的成本意识；通过成本差异分析，评价管理人员的业绩，促进管理人员采取改善措施；通过盈亏平衡分析等方法，提供管理成本信息，有效地满足现代经营决策对成本信息的需求。

第二，成本控制的目标是降低成本水平。在历史发展过程中，成本控制目标经历了通过提高工作效率和减少浪费来降低成本，通过提高成本效益比来降低成本和通过保持竞争优势来降低成本等阶段。成本目标因竞争战略不同而不同。成本领先战略企业成本控制的目标是在保证一定产品质量和服务的前提下，最大限度地降低企业内部成本，表现在对生产成本和经营费用的控制。而差异化战略企业的成本控制目标则是在保证企业实现差异化战略的前提下，降低产品全生命周期成本，实现持续性的成本节省，表现为对产品所处生命周期不同阶段发生成本的控制，如对研发成本、供应商部分成本和消费成本的重视和控制。

3. 成本管理的原则

（1）集中统一与分散管理相结合的原则。企业的成本管理工作是由各个部门和有关人员共同完成的，各个部门各负其责，在完成各自任务的同时，相互协调也是一个重要的问题。在协调各部门成本管理工作中，应本着集中统一与分散管理相结合的原则。这里的“集中统一”是指成本管理工作应在负责经营管理的厂长（经理）的领导下，由财会部门负责统一管理、统一协调和统一核算；“分散管理”是指由各个生产部门及职能部门根据其自身的职责分工，对应负责的成本进行管理和控制。集中统一与分散管理相结合，能充分调动各方面的积极性，共同完成成本管理工作的任务。

（2）技术与经济相结合的原则。在产品成本形成过程中，技术因素占有很重要的地位。要搞好成本管理工作，必须贯彻技术与经济相结合的原则。其实，成本管理工作不能仅仅看成一项会计工作，它涉及企业的各个部门和全体员工。因此，成本管理工作不应只是财务会计部门的事，也与企业的各个部门都有密切的联系。所以，要克服搞技术的不问成本、搞成本管理工作的不参与技术决策的倾向。成本管理的重要任务就是降低成本，而降低成本涉及产品设计、工艺改革、材料选用等方面的问题。所以，各有关职能部门的设计人员、工程技术人员、材料采购人员都应懂成本、关心成本；成本管理人员则应向生产技术部门的人员学习，要懂技术、了解生产工艺过程，参与成本、技术的决策。只有各方面协同努力，才能做好成本管理工作。

（3）专业管理与群众管理相结合的原则。成本管理虽然是一项专业性较强的工作，没有经过专门培训的人员是做不好这项工作的，但是只靠专业成本管理人员来做成本管理工作显然是不够的。从另一个角度看，成本管理工作也是一项群众性的工作，只有依靠全体职工的共同努力，才能做好这项工作。

（4）成本最低化的原则。成本管理的主要任务是在一定的条件下，分析影响各种降低成本的因素，制定可能实现的最低的成本目标，通过有效的控制和管理，使实际执行结果达到最低目标成本的要求。在实行最低化成本原则时，首先应注意全面研究降低成本的可能性。在实际工作中，影响成本高低的因素有很多。成本管理的目的是要研究各种降低成本的潜力，使可能变为现实。成本最低化的研究开发工作开始得越早，其受益的时间就越长；在某一个环节取得的成效，就会推动其他环节的改进。同时要研究合理的成本最低化，即一是要从实际出发，二是要注意成本最低化的相对性。

（5）全面成本管理的原则。在成本管理的实践中，有许多企业陷入了一个误区，表现在偏重实际成本的计算、生产成本的计算，而忽视了其他成本管理的工作。其实成本管理是一项系统工程，它涉及企业的所有部门和全体员工。如果某一个部门或某一个员工在成本管理工作中出现问题，都会影响成本管理工作的整体效果。

4. 成本管理的内容

成本管理的内容一般包括成本预测、成本决策、成本计划、成本控制、成本核算、成本分析和成本考核等。

（1）成本预测。成本预测是以现有条件为前提，在历史成本资料的基础上，根据未来可能发生的变化，利用科学的方法，对未来的成本水平及其发展趋势进行描述和判断的成本管理活动。

（2）成本决策。成本决策是在充分利用已有资料的基础上，对运营过程中与成本相关问题的各个方案，运用定性和定量的方法，综合经济效益、质量、效率和规模等指标，进而确定运营过程中与成本相关的最优方案的成本管理活动。

（3）成本计划。成本计划是以运营计划和有关成本资料为基础，根据成本决策所确定的目标，通过一定的程序、运用一定的方法进行的针对计划期企业的生产耗费和成本水平具有约束力筹划的成本管理活动。

（4）成本控制。成本控制是成本管理者根据预定的目标，对成本发生和形成过程及影响成本的各种因素条件施加主动的影响或干预，使成本按照预期方向发展的成本管理活动。

（5）成本核算。成本核算是根据成本计算对象，按照法规制度和企业管理的要求，利用会计核算体系，采用适当的成本计算方法，对运营过程中实际发生的各种耗费按照规定的成本项目进行计算、归集和分配，取得不同成本计算对象的总成本和单位成本并将其传递给有关使用者的成本管理活动。

（6）成本分析。成本分析是在成本核算提供的实际成本及其他有关资料的基础上，运用一定的方法，揭示成本变化情况，进一步查明影响成本变动的各种因素、产生的原因，明确相应的责任单位和责任人的责任，并提出建设性的建议，以采取有效措施控制成本的成本管理活动。

（7）成本考核。成本考核是对成本计划及其有关指标实际完成情况进行定期总结和评价，并根据考核结果和责任制的落实情况，进行相应的奖励和惩罚，以监督和促进企业加强成本管理责任制，提高成本管理水平的成本管理活动。

成本管理的诸项内容各有其基本特点，同时又相互联系、相辅相成，并贯穿企业生产经营的全过程，构成了现代成本管理的框架。成本预测是成本决策的前提；成本决策是成本预测的结果；成本计划是成本决策所确定目标的具体化；成本控制是对成本计划的实施进行监督，保证决策目标的实现；只有通过成本分析，才能对决策的正确性作出判断；成本考核是实现决策目标的重要手段。

（三）成本管理的基础工作

成本管理的基础工作是指为企业各项管理工作提供资料依据、行为规范、基本手段和保证条件的必不可少的先行性工作。企业应建立、健全成本相关原始记录，加强和完善成本数据的收集、记录、传递、汇总和整理工作，确保成本基础信息记录完整。现代成本管理的基础工作同样是企业管理的基础工作。完善基础工作是组织现代化生产、做好成本管理工作的依据。企业管理基础工作的好坏，决定着企业成本水平的高低，决定着企业的经济效益。因此，建立现代成本管理体系，必须重视加强和完善成本管理的基础工作。

1. 成本管理基础工作的要求

（1）规范化。每个工作岗位都要有明确的岗位责任制，各项工作都要规定业务流程，并要提出定量要求。通常要编制流程图，规定各个环节的工作内容和业务系统的信息联系。流程图使管理职责范围规范化，业务内容条理化。

（2）标准化。生产过程的技术质量和计量检测都有精确的技术标准，一切物化劳动和活劳动消耗都有完整的定额和计划价格目录。成本核算和管理业务也要按照流程图制定工作标准，使整个管理系统工作标准化，相互协调一致。

（3）统一化。各种报表、台账和原始记录的格式和内容都要统一，要根据本单位的生产组织、产品结构和核算体制，设计一套统一的核算用表，并进行统一分类和编码。

（4）程序化。数据的收集、整理和传递都规定有统一程序和时间要求，并有专人负责，使成本管理工作有秩序地进行。

2. 成本管理基础工作的内容

成本管理的基础工作主要有标准化工作、定额工作、计量工作、信息工作、规章制度和职工教育六项。这六项工作是当前成本管理最重要的基础工作，这些工作搞不好，成本管理就无从谈起。标准化工作是一项综合性的基础工作，对加强成本管理、提高经济效益具有十分重要的作用。定额是企业对人力、物力和财力的利用所规定的数量标准，定额管理搞不好，成本就很难控制。计量检测也很重要，计量器具不精确，检测手段不完备，物质资源的流动就会混乱，这将直接影响到成本计算的正确性。灵敏准确的信息是现代成本管理的先决条件。规章制度的贯彻和职工教育，对加强成本核算、搞好成本控制和考核成本责任等都很重要，这都需要加强和充实。

（1）标准化工作。标准化工作是一项综合性的基础工作。它包括技术标准和管理标准的制定、执行和管理工作。技术标准是对生产对象、生产条件、生产方法及包装、储运等所规定的应达到的标准。管理标准是关于企业各项管理工作的职责、程序、要求的规定。

标准化是一项提高经济效益的技术措施，对加强成本管理、提高经济效益具有十分重要的作用。

（2）定额工作。定额是企业在一定的生产技术条件下，为合理利用人力、物力、财力所规定的消耗标准、占用标准等数量界限。定额是编制计划的依据，是科学地组织生产经营活动的手段，是进行经济核算、提高经济效益的有效工具。制定定额的方法主要有：劳动定额（包括产量定额、工时定额、看管定额），各种材料消耗定额和储备定额，设备定额（单位产品台时定额、单位时间产量定额、设备利用定额），期量标准（节拍、批量、生产间隔期、投入产出提前期、生产周期、再制品定额），流动资金定额（存货定额），管理费用定额（管理费用各项目定额）。加强定额管理工作，就是要建立和健全完整的、先进的定额体系，要有充分的技术和经济依据，要采用科学的方法来制定，要随着企业生产技术条件的变化，一年修订一次。

（3）计量工作。计量是指测试、检验、化验分析方面的计量技术和计量管理工作。原始记录反映出来的数和量，都是通过计量等手段产生出来的。如果没有健全的计量工作，就不会有真实可靠的原始记录，就不能为成本管理提供正确的核算资料，也无法分清经济责任。因此，企业必须从原材料、燃料等物资进厂，经过生产过程，一直到产品出厂，在供、产、销各个环节上，都要设置准确可靠的计量器具，认真做好计量工作，建立计量管理机构，配备专业人员，提高计量工作水平。

（4）信息工作。信息载体一般包括原始记录、资料、报表、图纸、密码等。企业进行生产经营决策和执行决策，必须加强所需资料数据的收集、处理、传递、储存等管理工作。而科学的信息系统由原始记录、统计分析、经济技术情报、科技档案等构成。灵敏准确的信息是现代成本管理的先决条件。原始记录是记载企业生产技术经济活动情况的最初直接记录。例如，验收入库单、限额领料单、补料单、退库单、考勤记录、工时统计表、工作票、废品单等。原始记录是建立各种台账和进行统计分析的依据。搞好统计工作是管理现代企业必不可少的手段。准确、及时、全面地反映企业生产经营情况及其成果，是对原始记录和统计分析工作的要求。

（5）规章制度。企业的规章制度是用文字的形式对各项管理工作的要求所作的规定，是全体职工的规范和准则。建立和健全各项规章制度，特别是责任制度，是成本管理的一项极其重要的基础工作。企业需要建立的规章制度有三个方面：①基本制度，如企业领导制度等；②工作制度，如有关计划、生产、技术、劳动、物资、销售、人事、财务管理、成本管理方面的工作制度等；③责任制度，它是依据现代化大生产对劳动分工和协作要求制定的，规定着企业每个成员在自己岗位上应承担的任务和责任，以及相应的权利。企业的规章制度很多，但最基础的是岗位责任制，包括工人岗位责任制和干部岗位责任制。建立和健全岗位责任制，应从本企业的实际出发，搞好调查研究，拟订方案，进行试点。然后总结经验，建立制度，全面推广。规章制度一定要简明扼要、准确易懂、便于执行，切忌烦琐。

（6）职工教育。企业各项工作任务，必须靠人去完成，因此提高职工素质尤为重要。职工教育对各项工作任务的完成具有先导和保证的作用。企业要定期对各类人员进行思想教育、技术业务教育、职业道德教育，这是提高企业整体素质的关键。

第二节　成本控制及其对财务管理的重要性

在企业发展战略中，成本控制处于极其重要的地位。根据企业成本管理流程，企业进行成本决策后，要进行成本预测，进而开始着手实现成本管理目标。成本预测可以为成本控制的实际执行提供标准，有利于揭示成本差异。

一、成本控制的认知

（一）成本控制与成本降低

1. 成本控制及其意义

成本控制是指在生产经营成本形成的过程中，对各项经营活动进行指导、限制和监督，使之符合有关成本的各项法令、方针、政策、目标、计划和定额的规定，及时发现实际成本与预测成本的偏差并予以纠正，使各项耗费控制在成本预测的范围之内。同时，在采取改进措施和不断学习先进经验的基础上，修订和建立新的成本目标，进一步降低成本，使其达到最优水平。成本控制渗透到了现代企业的每一项经济活动中，是现代企业管理的重要组成部分。也就是说，成本控制主要是运用成本会计的方法，对企业生产经营活动进行规划和管理，将实际成本与预测成本相比较来衡量业绩，并遵循例外管理原则，对不利差异予以纠正，提高工作效率，不断降低成本。

成本控制包括成本的事前控制、事中控制和事后控制。成本的事前控制也称“前馈控制”，是指在产品投产之前，对产品成本进行规划，编制成本预测表，根据成本决策选择最佳成本方案，以利于成本控制。成本的事中控制也称“过程控制”，是指在费用发生过程中进行的成本控制。虽然它要求实际成本支出尽量按照目标成本的要求进行，但是在实际情况中，往往会发生超支或节约现象，这种超支差异或节约差异就是成本差异。差异是一项重要的信息，将超支差异或节约差异及时反馈给有关部门，有助于及时纠正偏差和巩固业绩。成本的事后控制也称“后馈控制”，是指将所揭示的差异进行汇总、分配，计算产品的实际成本。

此处所说的成本控制既包括目标成本的制定、预算的下达、差异的计算，也包括事后的汇总、成本的计算和分析。有效的成本控制是企业在激烈的市场竞争中获得成功的基本要素。需要注意的是，成本控制绝对不是单纯地压缩成本费用，还需要建立科学合理的成本分析与成本控制系统，使企业的管理者清楚地掌握企业的成本构架、盈利情况、把握决策的正确方向，为企业作出正确的决策提供关键支持，从而实现真正有效的成本控制。

2. 成本降低

市场竞争日趋激烈，每个企业都需要不断努力，保证企业的长远发展。成本降低就是实现这一目标的有效途径。

（1）成本控制与成本降低的区别。从二者的概念来看，成本控制与成本降低存在一定的区别，具体表现在以下四个方面。

第一，目的不同。成本控制以完成预测的目标成本为目标，而成本降低则以追求成本最小化为目标。

第二，涉及的时间范围不同。成本控制要求在执行成本决策的过程中努力实现目标成本，而成本降低包括成本预测和决策分析，涉及从正确选择经营方案到作出决策的全过程。

第三，涉及的空间领域不同。成本控制仅限于预测出目标成本的项目，而成本降低则不受这种限制。成本降低认为企业全部活动的成本都有降低的可能。

第四，绝对和相对的区别。成本控制是指降低成本支出的绝对额，因此又被称为“绝对成本控制”；而成本降低主要强调实现成本的相对节约，只要统筹安排成本、数量和收入的相互关系，能实现收入的增长超过成本的增长即可，因此又被称为“相对成本控制”。

（2）成本降低的基本原则。成本降低需要遵循的基本原则，具体分为以下五点。

第一，坚持以顾客为中心。成本降低并不意味着产品质量的下降。企业要始终牢记以顾客为中心，在不降低产品质量的前提下降低成本，做到将产品更快地交付使用，保证产品拥有更好的质量和更便宜的销售价格。

第二，兼顾成本发生全过程。随着时代的发展，成本的发生过程在不断延伸。对企业来说，降低成本不仅指降低生产成本，还包括企业许多其他经济活动的成本，如研发成本、营销成本、售后服务成本等。这些非生产成本的比重在企业成本中所占比重越来越大，甚至在有些企业的成本中，非生产成本已经超过了生产成本。因此，降低成本既要考虑生产成本，也要考虑降低非生产成本。

第三，以降低单位成本为主要目标。降低成本是为了降低产品的单位成本。因为总成本的增减可能与生产能力利用率的高低有关，如企业当年的总成本与上年相比明显减少，可能是当年开工天数不足造成的。

第四，应该依靠自身力量降低成本。外界因素可能会导致企业成本出现偶尔的降低，如市价的有利变动或税收减免等优惠政策。但是外因通常不具有持续性和稳定性，所以不能过度依赖外因，企业应该依靠自身力量降低成本。

第五，成本降低应持续不断。不断降低成本、提高经济效益是企业在激烈的市场竞争中生存的法宝。成本降低必须持续不断，永无止境。

（3）成本降低的主要途径。成本控制主要涉及管理问题，而成本降低主要涉及技术方面的问题。成本降低可以通过以下途径实现。

第一，开发新产品，利用价值工程等方法提高产品的功能成本比率，在提高产品附加值的同时实现成本的相对降低。

第二，改进现有产品的科技水平，或者优化其生产工序，采用更先进的设备、工艺和材料。

第三，开展作业成本计算、作业成本管理和作业管理。作业成本计算是把成本更精确地分配到成本对象（即产品、服务和顾客）的程序，其首要目的是使盈利能力分析更具科学性和有效性；作业成本管理是利用作业成本信息使销售的产品和提供的服务合理化，改进作业工序以提高生产效率；作业管理是把作业成本计算、作业成本管理和非成本问题管理结合起来，包括生产周期、产品质量、交货及时性和顾客满意度等，以创造更多的价值。

第四，加强员工的相关培训，提高员工的技术水平，使员工树立降低成本的意识。

（二）成本控制的作用

成本控制以实现最佳财务成本目标，提高经济效益为直接目的，运用现代信息科学的基本原理，对企业生产经营过程中发生的资金运动及其结果进行全员、全过程、全方位的控制。因而，成本控制可以促使企业用较少的物质消耗和劳动消耗取得较大的经济效果，保证企业经营目标的实现；可以监督企业遵守国家财经纪律，保证国家宏观调控的顺利进行，进而促进社会资源的合理配置和社会分配的公平和效率；可以协调企业各个岗位的工作和各有关利益集团的冲突，促使各职能部门为实现整体统一目标而共同奋斗。具体来说，成本控制具有保证、促进、监督和协调的四大作用。

1. 保证作用

在社会主义市场经济条件下，一个企业往往根据国民经济发展规划、国家经济政策、企业可以运用的经济资源，以及企业本身的生产经营能力和职工生活水平预计提高的幅度来确定自己的经营目标。其中很重要的一个方面便是企业当年要实现的经济效益指标，对此指标可以进行各种分解，落实到具体的项目上，如利润指标可以分解成销售收入、成本、费用和流转税指标等。显然，在销售收入不变或销售状况出现不利的情况下，成本费用指标的如数或超额完成便往往起着决定性的作用。成本控制可以从空间上、时间上对企业发生的各种成本费用进行监督、调控，发现偏差及时揭示，并采取有效措施纠正不利差异，发展有利差异，使实际成本费用被限制在预定的目标范围之内，保证预定成本费用目标的完成或超额完成，进而保证企业经营目标的实现。

2. 促进作用

成本控制是运用系统工程的原理对企业在生产经营过程中发生的各种耗费进行计算、调节和监督的过程，同时也是一个发现薄弱环节，挖掘内部潜力，寻找一切可能降低成本途径的过程。因而科学组织、实施成本控制，可以促进企业改善经营管理，转变经营机制，全面提高自身素质，增强企业的造血功能，使企业在市场竞争的严酷环境中自我生存、发展和壮大。因而成本控制具有促进的作用。

3. 监督作用

成本控制是一个全员、全过程、全方位的系统控制过程，它要求将企业发生的一切耗费时时刻刻置于当事人的监控之下，同时，灵敏的财务成本资料信息反馈系统可以将一切浪费行为、违法乱纪行为迅速反馈给主管人员，以便采取措施，将一切浪费、违法行为消灭在萌芽状态。因而成本控制系统可以通过健全的内部结构将企业对国家财经法规的遵守情况置于直接的监督之下，保证国家财经法规的贯彻执行，为国家宏观调控的顺利进行提供信息保障和纪律保障。

4. 协调作用

成本控制涉及方方面面的利害冲突，因为成本控制的好坏、成本的高低直接决定着各利益集团利益的高低，而物质利益协调的好坏，反过来直接影响到成本控制工作能否顺利进行。就企业内部而言，财务成本目标由于各方面的原因往往很难分解得十分合理、公平，因而在具体的成本控制实施过程中往往会出现苦乐不均，甚至是鞭打快牛的现象，其结果不是利益分配不公，就是挫伤各职能部门在成本控制上的积极性，造成企业整体利益受到损害。作为以系统论为其基础理论之一的成本控制系统，其核心观点是整体观点，即要求协调各分、子系统的行动为整体目标服务，通过财务成本信息的反馈，协商和调整局部之间的不协调之处，因此，成本控制可协调各利益集团的冲突，达到各分、子系统的协调统一。

（三）成本控制的特点

第一，成本控制具有不可逆转的特点。成本控制的直接结果就是成本费用的发生情况。通常情况下，成本费用一旦发生就无法再挽回。由此可见，成本控制具有不可逆转性。针对这种不可逆转性，企业在成本控制过程中，必须强化成本费用的事前控制和事中控制，保证成本费用的发生合法、合理和有效，防止失控的现象发生。

第二，成本控制具有内容多、项目细的特点。成本控制既包括成本控制，也包括费用控制，内容多、项目细。以直接材料控制为例，一个企业就可能涉及几十、上百甚至几百、上千种材料的耗费，企业必须同时对这些材料的耗费进行控制，控制内容之多可见一斑。再以管理费用控制为例，企业发生的管理费用也有几十个二级明细项目，每个二级明细项目又有若干个三级明细项目，管理费用控制所涉及的项目很多、很细。

第三，成本控制具有涉及部门多、协作性强的特点。企业的组织机构中，设有很多部门和单位，每一个部门和单位在为企业创造价值的同时也都耗费企业的资源，而这些资源的耗费最终都形成企业的成本费用。因此，成本费用的控制涉及企业内部的每一个部门和单位，需要这些部门和单位的相互协作。只有各个部门和单位协调地合作，成本控制才有可能达到预定的目标。

第四，成本控制具有流程化、规范化的特点。成本控制必须针对成本费用发生的过程设计一些严格的、规范的控制流程，把成本控制引入流程化、规范化的轨道。例如，生产成本的业务流程经历这些环节：制定定额与标准，编制计划，领料，记录工时与产量，记录动力消耗，办理核算等。为了保证生产成本控制目标的实现，应在流程中设置一些控制点，如审批、签发、审核、稽核、记账、对账等。通过设置这些控制流程和控制点，实现成本控制的流程化、规范化。

（四）成本控制的目标

第一，保证成本费用发生的合理性。企业的成本费用哪些应该发生，哪些不应该发生，国家的相关法律法规都做了原则性的规定，企业的规章制度也都做了具体的规定。成本控制必须保证成本费用发生的合理性，应该发生的让其发生，不应该发生的就不让其发生。为此，企业应该制定严格的控制标准和控制程序来保证成本费用发生的合理性。

第二，保证成本费用发生的有效性。成本费用发生的有效与否与企业的内部控制制度直接相关。企业应当建立健全内部控制制度，完善业务处理流程，在业务流程上设置控制点，采取审批、签发、审核、稽核等措施，使整个成本费用的发生处于有序的控制之中，保证成本费用的发生有利于提高企业的经济效益。

第三，保证成本费用确认的正确性。企业在成本费用确认的过程中很容易出现将费用作为资产挂账，导致当期费用低估，资产价值高估的后果；将资产列为费用，导致当期费用高估，资产价值低估的结果，或者随意变更成本计算方法和费用分配方法，导致成本费用失真等问题。这些问题都严重影响了成本费用确认的正确性。因此，企业必须根据有关法律法规的规定，正确划分生产成本和期间费用的界限、资本性支出和收益性支出的界限、营业支出和营业外支出的界限以及本期成本费用与下期成本费用的界限等，根据成本费用的确认条件准确地对成本费用进行确认，以保证成本费用确认的正确性。

第四，保证成本费用计量的正确性。成本费用计量的正确性是以成本费用的正确确认为前提的。成本费用的计量不仅涉及会计信息载体，如记账凭证、明细账、总账等的可靠性，而且还涉及财务报表的正确性。为了保证成本费用计量的准确，企业应在成本费用计量过程中设置核查、稽查、对账等控制点，防止发生有意或者无意的计量错误，对特殊产品、材料的计量还应请示专家的意见，采用物理或者化学等合理的计量方法进行计量。对有损耗的存货应制定合理的损耗额度，以此为标准对这些存货进行准确计量。准确计量企业所发生的成本费用是正确计量企业利润总额、所得税和净利润的重要保证。

第五，保证成本费用记录和报告的真实性和及时性。企业每日进行账务处理，划分年度、季度、月度进行财务报表的编制，目的是利用真实、及时、有用的会计信息为企业的生产经营服务。成本费用信息的真实性、及时性是其有用性的重要前提，虚假、滞后的信息是无用的信息。企业应采取各种控制措施，加强对生产经营活动过程中成本费用的控制，保证成本费用记录和报告的真实性和及时性。

第六，保证成本费用发生的合法性。成本费用是企业利润的抵减项目，在收入确定的情况下，成本费用越多，利润就会越少；成本费用越少，利润就会越多。而企业利润是国家税收的重要来源，为了保证这一税收来源的真实性、充足性和稳定性，国家制定了有关法律法规对成本费用的开支范围、归集项目、确认条件、计量标准、记录规则、报告条例都做出了明确的规定。企业必须依据这些规定进行成本控制，通过控制成本费用发生过程中的各项手续、程序、各种文件记录以及账面的反映和财务报表的披露等，使成本费用的发生符合国家法律法规的规定。

二、成本控制的内容

（一）成本控制内容的分类

1. 生产成本控制

生产成本指企业为生产产品而发生的费用，主要包括直接材料、直接人工和制造费用。

（1）直接材料控制。直接材料，包括企业生产经营过程中实际消耗的原材料、辅助材料、备品备件、外购半成品、燃料、动力、包装物以及其他直接材料。控制主要是通过制定消耗定额和严格有关制度、手续实施控制。要对材料出入库严格实行计量检验，大力推广新工艺、新技术，开展材料代用和综合利用；要及时发现和解决采购不合理、用料不经济、领发不严格，回收无制度以及废品多、单耗高等问题，从而使产品单位直接材料成本有所下降。

（2）直接人工控制。直接人工成本包括企业直接从事产品生产人员的工资、奖金、津贴和补贴以及职工福利费等。直接人工控制主要是通过人员定岗定编，制定工资基金限额和工时消耗定额等实施控制。企业应根据生产任务合理安排使用劳动力，实行定员定额，控制各种产品的实际工时消耗。采用计件工资制的企业应制定先进合理的产品计件单价，确保劳动生产率增长大于工资水平的增长，从而降低产品的直接人工成本。

（3）制造费用控制。制造费用包括企业各个生产单位（分厂、车间）为组织和管理生产所发生的生产单位管理人员工资，生产单位房屋、建筑物、机器设备等的折旧费、租赁费（不包括融资租赁费）、修理费、机物料消耗、低值易耗品摊销、取暖费、水电费、办公费、差旅费、运输费、保险费、设计制图费、试验检验费、劳动保护费、职工福利费、在产品和毁损（含盘盈）、季节性和修理期间的停工损失以及其他制造费用。制造费用控制主要是通过编制制造费用预算和有关的费用开支标准实施控制。制造费用开支不仅在绝对数上不得突破预算指标，而且在内容上要符合财务制度规定，严格遵守开支范围和开支标准。

2. 特定成本控制

成本控制除了对生产成本进行控制外，还应该对某一方面的特定成本进行控制，如产品设计成本控制、产品质量成本控制、产品周期成本控制、工艺方案成本控制、工艺装配成本控制、设备维修成本控制等。

（1）产品设计成本控制。构成产品成本的费用主要发生在生产过程中，而对成本控制却不能仅限于产品生产阶段。产品设计成本控制就是在生产设计阶段，通过对产品的价值工程分析，选择最佳方案以控制投产后的产品成本。产品成本的高低在一定情况下主要是由该产品在设计、研制阶段的工作质量所决定的，所以在新产品设计研制阶段开展价值工程，效果最为显著。在这一阶段进行价值分析可以提高产品及其零件的标准；利用价值工程的分析方法，可以去掉无用的或不必要的零部件，采用先进的生产工艺和生产流程；通过价值工程，可以节约能源和材料的使用，从而使产品的功能与成本控制保持在最佳状态，降低产品成本，改进产品质量，最终提高企业的经济效益。

（2）质量成本的控制。在新技术环境下，质量、时间、成本是企业获得并保持竞争优势的重要法宝，产品或服务的质量在一定程度上决定了企业能否确保并扩展市场份额。质量成本是企业为了保证和提高产品质量而支出的一切费用以及因未达到质量标准而产生的一切损失。如何加强成本管理，提高产品的质量，让企业在产品竞争中靠质量、信誉取胜，是企业在市场竞争中立于不败之地的重要保证。质量成本包括预防成本、鉴定成本、损失成本（内、外部损失成本）。

第一，预防成本，为防止产品质量达不到预定标准而发生的成本，一般发生于研究开发阶段，如质量工程、质量培训、质量报告等方面发生的成本。

第二，鉴定成本，为保证产品质量达到预定标准而对产品进行检测所发生的成本，一般发生在生产阶段，如原、辅材料检验与测试，包装检验，鉴定作业的监督，产品验收，过程验收等方面发生的成本。

第三，损失成本，分为内部和外部损失成本。内部损失成本是由于产品达不到预定标准而发生的故障成本，一般发生在生产阶段，是产品进入市场之前，由于产品存在缺陷而发生的成本，如废料、返工、修复、停工、重新检验、重新测试以及改变设计等方面发生的成本等。外部损失成本是产品进入市场之后，由于产品存在缺陷而发生的成本，一般发生于营销阶段，如由于产品未达到应有的质量水平而失去销售机会、质量低劣造成的退货与折扣、保修费、修理费，因顾客不满意，进行投诉而发生的成本，以及由此而失去的市场份额形成的损失。

通常把预防成本与鉴定成本称为质量保证成本，是企业为了减少故障成本而自愿发生的；把内部差错成本与外部差错成本称为质量损失成本（也称故障成本）。由于预防和鉴定成本通常来说是可以预先控制的，也称为可控质量成本。质量损失成本则往往是事先难以控制的，称为不可控质量成本。质量损失成本会随着产品质量的提高而下降，质量保证成本却会随着产品质量的提高而提高。在低质量水平下，质量保证成本上升速度较慢；在高质量水平下，质量保证成本上升速度却加快了许多。即使产品质量有一个较小的提高，也必须花费较大的质量保证费用。因此企业在实施成本控制的过程中，要寻找一个合适的质量水平，使质量成本最低。

（3）设备维修成本控制。作为产品成本的一个组成部分，设备维修成本更应得到足够的控制。特别是随着现代科技的进步，设备的运行、维护成本在产品中所占的份额越来越大，对设备维修成本的控制越来越受到重视。设备成本控制是通过制订合理的设备维修计划来实现的。

设备维修成本控制的目的并不只是降低设备维修成本。如果只注意降低设备维修成本，可能会造成为了节约维护成本而让设备带病运行，不仅会缩短设备的使用寿命，影响产品的质量水平，还有可能造成停工事故，给企业造成严重的损失。所以，设备维修成本预算要和设备定期维护制度相结合，在设备运行状态良好的前提下努力降低设备维护成本。

（4）产品寿命周期成本控制。产品寿命周期成本就是用户为获得某种功能而耗费的成本。在这里，用户购买某种产品的目的是获得某种功能。产品寿命周期成本包括产品的购买成本和运行维护成本（使用成本）两部分，产品寿命周期成本中的购买成本和使用成本因商品的不同而不同。对耐用产品来说，购买成本与使用成本有密切关系，购买成本低的，往往使用成本高；购买成本高的，往往使用成本低。对产品寿命周期成本进行控制要求进行全面的成本管理，扩大成本控制范围，将成本控制延伸至产品的整个寿命期限。对降低产品成本的考虑不能只局限于生产成本，而应考虑成本与质量之间的关系，以及质量与销售、利润的关系。产品寿命周期成本控制还要求维护成本的节约必须大于购买成本的提高，或维护成本的提高必须小于购买成本的降低，即维护成本和购买成本的变动应以降低总的产品寿命周期成本为目标。

（二）费用控制的内容

1. 销售费用控制

销售费用是企业为销售产品而支出的各种费用，包括企业销售商品过程中发生的运输费、装卸费、包装费、保险费、展览费和广告费，为销售本企业商品而专设的销售机构（含销售网点、售后服务网点等）的职工工资及福利费、类似工资性质的费用、业务费等经营费用，以及商业企业在购买商品过程中发生的运输费、装卸费、包装费、保险费、运输途中的合理损耗和入库前的整理挑选费等。它与产品成本有着很大的差别。

与管理费用相比，销售费用中具有更多的变动费用性质，如销售费用中的运输费、委托代销手续费、包装费、装卸费、支付中介人的佣金等。这些费用随着产品销售量的增减而增减。从成本控制分析的角度来看，变动费用一般通过控制单位变动成本支出和结合销售量来控制，因此，销售费用更易控制。企业在对销售费用的预算控制时，其中部分销售费用采用弹性预算法进行预算，并相应地采用弹性控制。由于销售费用是因为销售产品（或商品）而发生的费用，且一般常发生于企业的销售业务部门，作用于销售业务。因此，将销售费用的支出与取得的销售绩效联系起来，以销售绩效来衡量销售费用支出的合理性和有效性，借以激励销售人员降低费用、节约开支，是基本的控制措施。

2. 管理费用控制

管理费用是为生产经营活动的正常进行而发生的各项费用，包括公司经费、工会经费、职工教育经费、劳动保险费、失业保险费、董事会费、咨询费、聘请中介机构费、诉讼费、排污费、绿化费、税金、土地使用费、土地损失补偿费、技术转让费、研究开发费、业务招待费、计提的坏账准备和存货跌价准备、存货盘盈盘亏、矿产资源补偿费、其他管理费用，以及专利权、商标权、著作权、土地使用权等无形资产的摊销。它与产品成本有很大的不同，其大部分属于固定费用性质；从成本责任来看，管理费用属于不可控成本。

管理费用的高低大多数由企业规模和管理水平决定，职工个人对其无太多的约束力，是企业整体的一次费用支出，而不像制造成本中的直接材料、直接人工和变动制造费用那样可以通过“价格差异”和“数量差异”的分析来控制其发生。其固定性决定其主要体现在企业高层领导管理人员的决策，不易被人们所意识而失去控制。

3. 财务费用控制

企业发生的财务费用指企业为筹集生产经营所需资金等而发生的各项费用（不包括为购建固定资产而发生的，在固定资产达到可使用状态前按规定应予资本化、计入固定资产价值的筹资费用）。财务费用的控制与借款筹集资金的经济活动控制是分不开的，对其控制在很大程度上归属于筹资控制。财务费用的控制要点有以下五点。

（1）控制借款数额，从而控制借款费用。

（2）控制借款种类，不能借超过企业承担能力的高利息款项。

（3）控制因签发带息票据和票据贴现而产生的财务费用。

（4）控制借款费用资本化范围，正确计量资本化金额。

（5）做好考核工作，通过考核控制财务费用。

三、成本控制的标准与程序

（一）成本控制标准的确定方法

成本控制必须贯穿企业生产经营的全过程，包括工厂建设和产品的设计、生产、销售的全过程。企业可以通过期货市场交易降低原材料、能源的进货成本，但是同时也要注意规避价格风险，保证企业能正常地获取利润，做到价值耗费与收入相统一，即进行成本控制。要想实现成本控制的目标，企业必须确定相应的标准。确定标准的方法有很多，具体内容如下。

第一，计划指标分解法。计划指标分解法是指按部门、单位、产品、工艺阶段或零部件，将大指标分解为小指标。若想分解得更加细致，还可以按工序进行分解。

第二，预算法。预算法是指通过预算确定成本控制标准。例如，有的企业会根据季度生产销售计划进行短期（如月份）的费用开支预算，并将预算作为成本控制的标准。需要注意的是，采用这种方法进行预算必须从企业实际出发。

第三，定额法。定额法是指明确定额和费用开支限额，并将其作为成本控制标准。在企业中，只要是能确定定额的地方都应明确定额，如材料消耗定额、工时定额等。通过定额法进行成本控制具有具体化和常态化的特征。需要注意的是，在采用定额法确定成本控制标准之前，必须进行充分的调查研究和科学计算，还要协调成本指标与其他技术经济指标之间的关系（如成本与质量、生产效率之间的关系），保证成本控制以完成企业的总体目标为基础，使各个方面维持平衡，避免出现顾此失彼的片面性问题。

（二）成本控制的程序与关键

1. 成本控制的程序

（1）分解预算成本。为了使项目中标，预算成本需要根据批准的施工图预算确定。预算成本来自施工图预算中列出的价值分析和分类，以及成本项目的会计内容。直接成本中的人工成本、材料成本和机器使用成本需要根据子项目的数量和预算的单价（配额）计算。直接成本和间接成本中的施工管理费用需要根据项目类型、收费依据和收费系数计算。有专门用途的费用，如利润、间接费用、现金和劳动额测定费等，不包含在预算成本之内。但是，为了便于对比计算，也可以将它们作为独立的项目反映。

（2）确定计划成本。在确定成本时要从两点出发考虑：一是预算成本；二是可能支出的计划成本。在根据预算成本确定计划成本之前，必须计算容量、利润、固定预算编制费和固定金额确定费是否足够支付。向客户收取的四项费用超过应向税务局、企业及有关部门缴纳的数额的，超出部分可以作为暂时性收入；四项费用低于应向税务局、企业及有关部门缴纳的数额的，可以作为暂时性收入，并且该金额或差额部分应用直接或间接费用补偿。

按照预算成本确定计划成本，主要是把不可控制的费用去除，然后将各成本项目的预算成本折合成每项成本项目的计划成本。

在确定了初步的计划成本后，还需要按照预算工程量、材料用量和实际人工单价、机械设备使用等因素确定可能支出的计划成本。

劳务支出的计划成本应以内部人员的预算总工作日和平均实际工作日工资为基础进行计算。劳务支出的计划成本也可以根据项目数量和单个项目劳动力支出的单价来计算。

材料支出的计划成本可以通过从预算材料支出中减去材料计划降低额来计算。材料计划降低额的计算可分为两个方面：①价格差异，即基于材料预算价格与市场采购价格之间的差额计算综合材料采购降低率，然后乘以材料预算费；②数量差异，首先根据过去的经验、采用的技术和方法计算可节约的主要材料数量比例，然后乘以主要材料的数量，即可计算得出主要材料数量差异的计划降低额。

机械使用费用支出的计划成本的预算，可分为两部分：①利用自有机械的大修折旧费、机械修理费、操作人员的工资和奖金以及电费等，按照使用台数以及相关材料的经验进行预算；②使用器械租赁，然后根据需要所租赁的台数以及单价进行分类预算。

将预算成本确定的计划成本与可能支出确定的计划成本进行比较，然后进行相互修改。如果各成本子项目的金额不接近，就应该调整计划成本，即如果由预算成本确定的计划成本高于可能支出确定的计划成本，并且计划成本可能的支出是最终的计划成本，其超出部分可以弥补其他成本子项目的不足；如果由预算成本确定的计划成本低于可能支出确定的计划成本，则应找出原因，使成本差异从其他成本子项目的节余中得到弥补。如果无法得到弥补，则应从企业的利润中予以弥补。需要注意的是，这时需要向企业报告并申请减少相等数额的利润。

企业在确定计划成本时必须实事求是，由于市场经济条件下所包揽的项目工程几乎都存在压价的情况，要想使项目盈利，就必须控制成本。但是成本支出费用并不是越低越好，由于实现质量目标对最低成本支出有要求，成本控制只能在一定的额度区间中进行。

在确定计划成本的同时，必须制定降低成本的措施和方法，从而提高降低成本的可能性。

（3）进行成本控制。成本控制包含制度控制、定额或指标控制、合同控制等。

制度控制是指在成本支出的过程中，一定要严格执行国家、企业的相关制度，如财经制度、工资包干制度等。

定额或指标控制意味着为了控制项目成本，必须根据定额执行成本支出。若是没有定额，应根据同类项目的耗用情况，结合本项目的具体情况和节约要求，制定各项指标。根据物质耗用的实际情况，应在消费定额的基础上进行定额分配。

合同控制是指企业项目部为了达到降低成本的目的，按照已经确定的每个成本子项目的成本计划，与专门的管理者等签订合同，确立各个部门、各相关人员的成本管理责任制。

（4）进行成本核算。成本核算是指要按照成本开支的范围，划清成本和非成本费用支出的界限，同时也要划清项目成本和期间费用的界限。

在实际成本中所耗用材料的数量，一定要以计算期内工程施工中的实际耗用数量为准，不能以领代耗。已领未耗用的材料，应及时办理退料手续；需下期继续使用的，应办理假退料手续。当耗用材料按照预算价格（计划价格）计算时，材料成本的差异应当与实际耗用材料成本共同计入每月的项目成本中，不得在季（年）末一次计算分配。

（5）组织成本分析。项目部门根据月度成本项目进行成本分析，提出本月底累计项目实施总成本，逐项分析项目成本节约或超支的原因，然后根据成本分析报告，定期或不定期地进行项目成本分析，总结节约成本的经验，从成本超支中吸取教训，并为下个月的成本控制提供对策。

（6）严格执行考核。项目完成后，项目收支的最终确定需要项目部门收集和整理相关的成本核算数据，根据企业的审计意见和企业签署的成本合同向公司报告。在项目建设的过程中要分阶段进行成本评估和奖惩，及时进行成本核算和信息反馈。

2. 成本控制的关键

成本控制的最终目的是取得经济效益，当产品的价格确定下来，成本就是影响经济效益的决定性因素。企业只有把握成本控制的关键，才能提升利润空间。

（1）计算口径一致。预算成本、计划成本和实际成本的计算范围、整体设置和计算口径，不仅要和财务制定规格、施工预算保持一致，还需要彼此相互保持一致。在每一个项目开工之前，企业要统一确定工程项目记录，以此来确定核算对象。核算对象确定之后，资料的记录、核算要统一、明确，便于相互对比、分析、考核。

（2）终极目标明确。执行相关的成本开支范围、费用开支标准、项目预算定额等是项目成本控制的基本任务。制订一份合理的、积极的计划来降低成本，严格且准确地核算和控制各项成本，并且及时地提供可以参照的相关报告和资料，与计划成本进行比较，最终目标是通过对项目经济责任合同的审查，提升企业的经济效益，提高企业的成本管理水平。

四、成本控制对企业财务管理的重要性与完善思路

“在市场经济体制改革的背景下，企业财务管理已经逐步发展成为企业管理的核心，引起了企业经营管理者的高度关注与重视。企业财务管理的核心是通过对自身价值形态的合理应用以及对资金运作的管理，促进企业经济活动的规范、有序开展，对提升企业经济

效益具有非常重要的意义。”①

（一）企业财务管理与成本控制的关系

第一，财务管理会对企业本身的发展产生影响。在我国社会主义市场经济体制的改革背景下，企业成本控制与财务管理的关系十分密切。例如，财务管理中的众筹资金、分配以及使用等环节是企业成本控制十分重要的组成部分，对企业可持续发展有着重要的影响。

第二，成本控制对企业利润的获取有一定的影响。企业的总收入与总开支之间的差额就是企业利润。每一个企业所追求的最终目标都是利润最大化，这就要求每一位管理者要按照市场的经济形势以及总收入对成本进行有效的控制。在总收入持续在一定水平保持不变的情况下，降低成本可以实现利润的快速增长。由于市场竞争的不断加剧，部分企业开始打价格战，降低成本对提高市场竞争优势产生了非常大的影响，特别是对价格竞争实力的提高为企业奠定了更为坚固的基础。

第三，成本控制是系统化的企业财务管理过程，是在财务管理目标实现的过程中对不同成本资源和成本要素的重新组合。企业成本控制从控制和管理两个方面入手来实现成本控制目标，共同发挥作用，进而促进企业健康良性发展，实行有效的实时成本控制。通过财务分析结果指导企业投资等经济决策，可以使企业利润分配额最大化和股东价值最大化。同时，成本控制的实施也可以使企业的物质资源、财务资源、人力资源等得到最大程度的优化，促进财务管理水平的整体发挥。

（二）成本控制在企业管理中的作用

科学有效的成本控制能提升企业的经济效益，实现企业的可持续发展，提高企业的核心竞争力。在现代化企业的生产经营管理中，成本管理是非常重要的管理手段。而成本控制又是成本管理的重中之重，所以企业要对成本控制予以高度的重视。

1. 促进企业经济效益的实现

（1）成本控制能减少企业的资金风险。对一个企业来说，资金的良好运转关系着企业的生死存亡。企业除了可以通过对外吸引投资来降低财务风险，还可以通过控制成本来缓解企业的资金压力，使企业可以将资金有效地投入生产经营，完善企业的技术、设备和人才的配备，以促进企业经济效益的提升。

（2）成本控制可以加强企业内部管理，使企业内部工作有序开展，提高员工工作的积极性，从而为生产经营营造良好的工作环境。

（3）成本控制能实现企业的经济效益。

由此可见，成本控制是当前企业经营管理的重要手段之一，也是实现企业利益最大化

① 刘建华. 财务管理与成本控制研究 [M]. 长春：吉林大学出版社，2020：165.

的有效手段。从整体上来说，成本控制保证了企业财务管理和经济效益的双赢。

2. 实现企业可持续发展

在当今经济全球一体化竞争的环境中，企业要想做强做大，实现可持续发展，就必须重视成本控制。一个企业的可持续发展除了离不开人才和高新技术，最不能缺少的就是资金。

企业的总收入减去总成本投入就是企业的经济效益。可以看出，总成本投入对企业是否能够盈利非常重要。资金雄厚的企业如果不重视成本的有效控制，虽然不会影响企业的短期经营，但是一旦出现金融危机，企业必然会陷入重大危机，甚至导致破产。相反，如果企业在每一个发展阶段都注重成本的有效控制，就可以为企业积攒一定的资金，提高企业抵御危机和风险的能力，实现企业的可持续发展。

3. 提高企业核心竞争力

相同的产品，在社会主义市场经济环境下的价格差距不会太大。如果企业能有效降低生产成本，除了可以获得更高的利润以外，还可以形成一定的价格优势，吸引更多的消费者，从而提高产品的销量，更好地开展与市场上同类产品的竞争，占据更大的市场份额，创造品牌效应，最终提升企业的经济效益，实现企业的可持续发展。因此，加强成本控制能有效地提升企业的核心竞争力。

（三）企业财务管理范畴下成本控制的完善思路

第一，建立健全企业资金管控体制。构建资金管理机制应当以规划体系的建设为基础，以促进企业资本循环效率的优化与提升，即企业应当结合自身发展规模以及生产经营实践，决定各类原材料的使用量，以确保生产活动的顺利开展。而对财务管理部门而言，主要工作职责是结合原材料市场价格变动趋势，对所需资金额进行计算。因此，材料采购部门与财务部门之间必须建立起良好的协调互动合作机制，使资金拨付与管理更具弹性。

第二，加强对成本控制工作的认识。传统企业对成本控制的认知大多停留在成本节约的初步阶段，这种成本控制对新经济形势下的企业而言缺乏战略意义。真正意义上的成本控制是指控制高效益成本，对那些效益不高的成本进行合理的节约，如对公共用品和日常用品的领取和退还都由专人管理，而且要有详细的记录，以此来减少不必要的开支。但是对能提高产品产量、给企业带来发展的费用支出就要得到保证。从长远发展的角度上来说，这些费用支出能有效地提高企业产品质量和企业竞争实力，对其长远可持续发展而言是非常重要的。

第三，加强对企业隐性成本的控制。在企业各项生产经营活动的开展中，交易成本是随着交易活动产生的，控制交易成本是企业在财务管理中加强成本控制水平的重要内容。为了有效地降低交易成本，可采取的措施包括制度层面以及技术层面两个方面。例如，以集团公司为核心进行大批原材料的采购，与企业合作客户签订长期性合同，有效地降低交易成本等。除此之外，还可结合企业经营管理发展趋势，构建一套完整的物流系统，以减少在寻找客户中交易成本方面可能出现的浪费问题。

第四，采购部门在企业材料采购合同签订前，需要将合同审批单交由财务部门进行审核，财务管理部门需要负责对合同中所涉及的金额、数量、价格、付款方式等内容进行审核，审核无误后签字确认。市场部门在签订招标合同前同样需将评审表交由财务管理中心进行审批。

第五，针对管理部门提出的材料采购事项，相关成本控制部门应当制订月度采购计划，根据库存材料数量以及项目执行情况编制合理采购预算。财务管理中心应及时发现计划中存在的问题与不足，提出更改或调整计划的建议，以免公司在材料采购业务中出现损失或资金大量被占用的问题。

第六，实现全面性成本控制周期管理。在企业财务管理目标的实现中，成本控制必须体现全面性、全过程性、全员性。在此过程中应关注以下几个方面的问题：企业财务管理范畴中的成本控制工作是一项具有系统性特点的工程，如果仅仅依赖财务管理部门进行成本控制，所达到的效果一定是不理想的，因此，在成本控制的过程中必须实现对全体员工的控制，扩大财务管理范畴，自上至下构建一个完整的成本管理控制体系。在企业开展的每一项经营活动与业务中，都会在一定程度上受到成本的影响，生产经营中应当对成本项目进行科学控制，加强对资金的筹划管理，以确保现有资金得到充分应用。通过全面性的成本控制周期管理，构建联合事前、事中、事后的成本控制综合管理体系，以确保成本控制目标在财务管理实践中顺利实现。

五、成本控制的基本原则

成本控制基本原则是对成本控制实务工作经验的总结，是可以指导成本控制实践的基本规范。

（一）全面控制与重点控制相结合

全面控制与重点控制相结合是从成本控制的空间范围而言的，即要求成本控制做到点面结合，点和面的统筹兼顾。

首先，在成本控制中，要对财务成本进行全面控制，不能只考虑某个方面，也就是说，要求人人、处处、事事都要进行成本控制。这是因为财务成本是一个综合性的价值指标，涉及面广，综合性强，不全面考虑，很难适应控制的要求。一方面是全员的控制，即人人都要参加成本控制，从厂部、车间领导到管理部门，甚至每个职工都要参与成本控制，凡是企业中同财务成本活动有关的单位和职工，都要按照成本控制指标严格把关；另一方面是全要素的控制，即财务成本的所有要素，包括资金流量、成本费用、收入、利润等都要加以控制。

其次，在成本控制中要有所选择、有所侧重，在全面控制的基础上，对重要的财务成本构成项目、内容要施加详细的控制，而对于一般的、不太重要的财务项目，可以进行合并控制，施加粗线条的管理。

（二）日常控制与定期控制相结合

日常控制与定期控制是从时间范围的角度而言的。企业的生产经营活动是连续不断的，企业的财务成本活动也因此而每时每刻都在发生，对财务成本进行控制要求在企业生产经营活动的过程中进行，即加强日常控制。日常控制紧密结合企业生产经营实际情况进行，发现偏差及时纠正，一旦发现损失浪费的苗头可以将其消灭在萌芽状态中。只有这样，成本控制才有切实的保障。但是，人们的财力、物力、精力总是有限的，过细过多的财务成本监控往往会花费许多不必要的时间和精力，造成经济上、精神上的得不偿失，即不符合成本—效益原则。定期控制侧重于期末的盘点控制与定期检查，可以节省人力、物力，但往往不能揭示损失、浪费等情况；而日常控制侧重于平时的即时控制，但工作量较大，因此必须很好地将两者结合起来。

（三）定性控制与定量控制相结合

财务成本的定性控制也就是从质的规定性上对财务成本进行控制，即从大的方面把握企业成本的开支范围是否符合国家的财务制度，费用项目列支是否符合行业财务制度的规定，日常的财务成本活动是否有章可循，成本的节约与浪费是否奖罚分明。财务成本的定性控制通常是由成本控制的监督职能完成的，财务成本监督实际上也就是对财务成本的质的控制，这种定性控制是通过账务监督、制度监督和群众监督等方式完成的。财务成本的定性控制只能保证开支范围符合有关法规规定和财务成本目标范围的要求，不能保证其开支大小也符合有关标准、要求，而定量控制则相反。因此，任何单独的定性控制或定量控制都不能控制财务成本，使其达到预定要求。

（四）专业控制与群众控制相结合

要搞好成本控制，必须把专业控制和群众控制很好地结合起来。专业控制是指企业的成本控制工作要由专业部门来组织，成本控制的方法和手段要由专业部门来拟定，成本控制中发生了问题，要由专业部门来帮忙解决。所以，没有专业控制，成本控制就会放任自流，不能形成一个系统。另外，成本控制又是一项群众性工作，广大职工生产在第一线，他们最了解生产经营实际情况，最关心自己的劳动成果，依靠群众参加控制，就能使控制具有广泛的群众基础，就能更好地激发广大职工的积极性、主动性和创造性，自觉地把成本控制好。

第三节　成本控制的方向与责任落实

一、成本控制的方向

成本控制方向是关于成本管理理论的概括和总结，它决定着成本控制理论和方法体系展开的基本思路。

1. 培养员工的成本意识

成本意识是节约成本与控制成本的观念，是了解成本控制的执行结果。成本意识包括注意控制成本，努力使成本降到最低水平并设法使其保持在最低水平。树立员工的成本意识，就是要使员工树立这样一些思想：成本是可以控制的，成本控制需要大家的共同参与，并在工作中时刻注意节约成本。只有树立起员工的成本意识，只有员工具备了良好的成本意识，员工才能建立降低成本的主动性，才能使降低成本的各项措施、方法和要求得以贯彻和执行。

员工良好的成本意识是成本控制的必要条件，成本意识的普遍建立有赖于公司经理层的提倡、强有力的制度约束、管理人员的以身作则和员工素质的普遍提高，还需要建立适当的利益机制、约束机制和监督机制，并与之相配合。

2. 成本的源流管理思想

管理成本要从成本发生的源流入手，成本控制的重点应该是成本发生的源流，成本控制措施的着重点也应该是成本发生的源流。构造成本控制方法措施体系的重点要放在成本发生的源流上，要针对成本发生的源流进行设计。

成本发生的源流包括时间源流、空间源流和业务源流。从成本发生的角度看，成本发生的基础条件是成本发生的三大源流的交汇点。成本发生的基础条件是企业可资利用的经济资源的性质及其相互之间的联系方式，包括劳动资料的技术性能、劳动对象的质量标准、劳动者的素质和技能、产品的技术标准、企业的组织架构、职能分工和管理制度，以及企业文化、外部协作关系等。这些因素的性质及相互之间的联系方式构成了成本发生的基础条件。改变成本发生的基础条件是成本不断降低的源泉，这代表了成本源流管理思想，同时也是现代管理“不断改进思想”在成本领域的综合体现。改变成本发生的基础条件可以从根本上改变公司的治理结构，改变企业参与竞争的基本条件。

降低成本有以下两种方式。

第一，在既定的经济规模、技术条件、质量标准条件下，通过降低消耗、提高劳动生产率等措施降低成本。这种方式的成本降低以现有条件为前提，是日常成本控制的重点内容。

第二，改变成本发生的基础条件。在既定条件下，成本改善会有一个极限幅度，在这个极限幅度内，改进的逐步增加量最后可能会在达到收益递减的临界点后，使成本降低变得不太可能。在这种情况下，进一步的成本改进有赖于新的技术和新的观念，改变成本发生的基础条件为进一步的成本降低提供了新的基础。这是成本持续降低的潜力所在，更多地具有战略性，是战略成本控制的重点。大多数情况下，企业为削减成本所做的努力是在现有的条件下争取更多的成本改善，而不是改变成本发生的基础条件的途径。

3. 成本控制方法措施的融入思想

成本控制中存在的一个十分突出的问题是成本控制措施如何融合到具体的业务过程和管理过程中，使成本控制措施得到顺利实施，使成本控制方法真正发挥作用。成本自身特征和成本控制的特点要求将成本控制的方法措施融入管理过程和业务活动中去。成本是企业经营活动的结果，影响成本的各项因素和动因分散在企业经营管理的各个部门、各个环节。实施成本控制必须控制企业的整个生产经营过程，因为这一过程同时也是成本的发生过程。

但是，按照企业的职能分工，生产经营过程由相应的职能部门进行管理，分属不同的子系统，成本控制不能直接干预生产经营活动。这种事实上的矛盾在一定程度上使成本控制处于两难境地。在这种情况下，如何实施成本控制，如何使成本控制的方法措施发挥作用，是成本控制无法回避的困难选择。成本控制方法措施的融入思想实质上是针对这一矛盾提出来的。

有效的成本控制方法措施是那些融入各部门的业务管理和业务活动过程中的方法措施，成本控制方法措施的应用机制要优先于成本控制方法措施本身。只有将成本控制的理念、方法、规章制度融入各部门的业务管理和业务过程之中，融入企业员工头脑中去，才有可能变成真正有效的成本控制措施，成本控制的方法才能发挥作用。

二、成本控制制度及其责任落实

为保证生产经营活动所发生的成本费用合法、合理和有效，企业必须制定各种成本控制制度。这些成本控制制度通常包括以下三个方面的内容。

1. 人员素质控制

生产经营活动离不开人的参与，企业人员素质的高低直接影响企业的发展。现代企业都应该重视人才的培养。企业应该配备合格的技术、管理、生产人员。合格的技术人员具有较高的开发、设计新产品的能力。合格的管理人员具有丰富的生产管理经验和生产管理知识。合格的生产人员具有较高的生产技能，遵守生产纪律和操作规程。

企业应该实行员工考核制度，全面考察员工的职业能力，考核评估员工的工作业绩，员工凭合格证书上岗工作。建立员工定期培训制度，不断提高员工的职业道德素质和技术业务素质。建立奖惩制度，建立激励机制，鼓励员工积极创新和勤奋工作，提高生产质量和效率，奖励有功者。建立必要的升迁机制，对工作出色者给予升迁奖励，对玩忽职守者、不能胜任者给予降职或下岗等处分。

2. 授权批准控制

授权批准控制的内容主要有：生产计划的授权批准，材料领用的授权批准，对存货盘盈盘亏的授权批准等。

授权控制法要求单位明确规定设计会计及相关工作的授权批准的范围、权限、程序、责任等内容，单位内部的各级管理层次必须在授权范围内行使职权和承担责任，经办人员也必须在授权范围内办理业务。

授权批准是单位在办理各项经济业务时，必须经过规定程序的授权批准。授权批准形式通常有一般授权和特别授权。一般授权是对办理常规性的经济业务的权利、条件和有关责任者作出的规定，这些规定在管理部门中采用文件形式或在经济业务中规定一般性交易办理的条件、范围和对该项交易的责任关系。在日常业务处理中可以按照规定的权限范围（包括制定产品销售价格的权力、购买固定资产的权力以及招聘员工的权力等）和有关职责自行处理。特别授权指授权处理非常规性交易事件，例如重大的筹资行为、投资决策、资本支出和股票发行等。特别授权也可以用于超过一般授权限制的常规交易。

内部控制要求明确一般授权和特别授权的责任和权限，以及每笔经济业务的授权批准程序，并按照有关规定的权限和程序执行。

3. 财产安全控制

财产安全控制是确保企业财产物资安全完整所采取的各种方法和措施。在生产过程中，材料物资应该采取永续盘存制、定期的实地盘存制与不定期的实地盘存制相结合的方法，以保证企业的材料物资在每一个会计时点都账实相符。建立健全原材料、在产品、产成品等各项物资的收发、领退、转移、报废制度。对盘盈盘亏存货必须及时查明原因进行正确的处理。对财产物资按照顺序编号与存放，便于清查、点数和保管等。财产安全控制制度要和存货的保管制度相结合，有助于企业加强管理。

企业应当将成本控制的责任层层分解、落实到各级单位及个人，做到责任内容清楚，职权范围明确，考核奖惩分明，贯彻责、权、利三结合原则。

成本控制责任的承担者，对责任范围内的成本，应做到：了解所分管成本指标的要求和资料来源；了解所分管成本指标的实际执行情况和计算依据；能调节、控制所分管成本指标的耗费数。

第五章 成本的归集与核算方法

第一节 成本费用的归集和分配

一、生产要素费用的归集和分配

（一）材料费用的归集和分配

“‘降成本’是深化供给侧结构性改革、实现制造强国战略的重要举措之一。”[①]材料是制造企业生产过程中的劳动对象，是生产过程中不可缺少的物资要素。在生产过程中直接取自于自然界的劳动对象，一般称为原料，如冶炼金属的矿砂、用以纺织的棉花、制造面粉的小麦；以经过工业加工的产品作为劳动对象的，一般称为材料，如各种钢材。在实际工作中有时把两者合并起来统称为原材料。

1. 材料费用的归集

（1）收入材料的构成和确定。材料费用是指企业在生产产品或提供劳务的过程中所消耗的直接用于产品生产并构成产品实体的原料、主要材料、外购半成品以及有助于产品形成的辅助材料等。在成本核算时，对产品生产所耗用的材料费用，应专门设置“直接材料”成本项目进行归集和分配。

材料费用的归集，是进行材料分配的基础和前提。企业取得的材料应当按照实际成本进行计量。材料实际成本包括采购成本、加工成本和其他成本三个组成部分。

（2）发出材料的确定。在材料核算中，只有材料发出的核算与材料费用有关。材料收、发、存的日常核算，可以按实际成本计价进行，也可以按计划成本计价进行。如果采用计划成本核算，会计期末应调整为实际成本。

企业应当根据各类材料的实物流转方式、企业管理的要求、材料的性质等实际情况，合理确定发出材料成本的计算方法，以及当期发出材料的实际成本。材料计价方法一经确定，不得随意变更。

第一，按实际成本法计价时发出成本的确定。材料按实际成本计价，是指每种材料的收、发、存都按采购过程中所发生的实际支出进行计价。

第二，按计划成本法计价时发出材料成本的确定。材料按计划成本计价，是指每种材料的收、发、存都按预先确定的计划单位成本计价。材料计划成本的构成内容与材料实际

① 卢佳瑄，李峥 . 制造业企业生产要素成本现状与政策评述 [J]. 财会通讯，2021（8）：11-18.

成本相同。材料计划单位成本应尽可能接近实际。材料计划单位成本确定后，在一个会计年度内一般不予变动。在按计划成本法计价时，企业应按计划成本对材料的收发及结存进行核算，并及时计算材料实际成本与计划成本的差异。月份终了，再按照一定比例将上述差异分配于发出材料的成本中，并将已发出材料的计划成本调整为实际成本。

第三，材料盘点工作。企业材料的数量需要通过盘存来确定，常用的材料数量的盘存方法有实地盘存制和永续盘存制：①实地盘存制，也称定期盘存制，是指在会计期末，通过对全部材料进行实地盘点，以确定期末材料的结存数量，然后分别乘以各项材料的盘存单价，计算出期末材料的总金额，计入有关材料账户，倒轧出本期已耗用或已销售材料的成本；②永续盘存制，也称为账面盘存制，是指通过设置材料物资明细账，对材料物资的收入和发出逐笔或逐日连续登记，并随时结出账面结存数的方法。采用永续盘存制有利于加强对材料的管理，在各种材料的明细记录中，可以随时反映每一种材料的收入、发出和结存情况，但记录材料明细账的工作量较大。

2. 材料费用的分配

（1）材料费用分配对象的确定。材料费用的分配对象应根据企业产品生产的特点和管理上的要求来确定。材料费用的分配对象不仅要适应企业的生产特点，还应考虑企业管理的要求，根据产品的主次做不同的处理。对主要产品，要把每种产品或每批产品单独作为分配对象，计算其实际总成本和单位成本；对一些次要产品或零星产品，则可以合并为一个分配对象，计算其实际总成本，然后再按一定比例进行分配，计算出各种产品的单位成本。

（2）材料费用的分配方法。材料费用分配是指按材料用途把费用计入相关的成本、费用账户。用于产品生产的原料及主要材料，如纺织用的原棉、铸造用的生铁、冶炼用的矿石、制造家具用的木材等，都是按产品分别领用的，属于直接费用，构成产品实体并能直接确定归属对象的材料费，应直接计入各产品成本明细账的成本项目；有时一批材料为几批产品或几种产品共同耗用，如某些化工生产的原料属于间接费用，应选择适当的分配标准分配计入各产品成本明细账的成本项目。车间一般消耗的材料费用应计入“制造费用”总账及其明细账，行政管理部门领用的材料费用应计入“管理费用”总账及其明细账，销售部门领用的材料费用应计入“销售费用”总账及其明细账，在建工程领用的材料费用应计入“在建工程”总账及其明细账。

一般材料费用的分配标准有重量比例分配法、定额耗用量分配法、定额费用分配法、系数分配法等。

第一，重量比例分配法。重量比例分配法是以各种产品的重量作为分配标准，分配共同发生的材料费用的方法。如果企业生产的几种产品共同耗用同种材料或燃料，耗用量的多少与产品重量又有直接关系，可以选用重量比例分配法。重量比例分配法的分配标准为产品重量，当分配标准为产品产量或产品的面积、体积、长度等时，可以分别称之为产量分配法、面积分配法等。

第二，定额耗用量分配法。定额耗用量分配法是指以一定数量的产品按材料消耗定额计算的可以消耗的材料数量限额为比例，进行材料费用分配的方法。

第三，定额费用分配法。定额费用分配法是以一定数量的产品按材料的费用定额计算的材料费用的限额为比例，进行材料费用分配的方法。

第四，系数分配法（标准产量比例分配法）。系数分配法是将各种产品的实际产量按照预定的折合系数折算为标准产量，以标准总产量（总系数）为分配标准来分配直接材料费用的方法。

（二）外购动力费用的归集和分配

动力费用主要指外购的电力、热力和蒸汽等。动力费用可以分为自制和外购两种情况。外购动力，是由企业外部有关单位（如供电公司、供气公司等）提供的；自制动力，是由企业辅助生产单位（如供电车间、供气车间）提供的。

1. 外购动力费用的归集

外购动力费用支出的核算，一般分为以下两种情况。

（1）每月支付动力费用的时间基本固定，而且每月付款日到月末的应付动力费用相差不多，将每月支付的动力费用作为应付动力费用，在付款时借记各成本、费用账户，贷记“银行存款”账户。

（2）一般情况下，要通过“应付账款”账户来核算，即在付款时先作为暂付款处理，借记“应付账款”账户，贷记“银行存款”账户，月末按照外购动力的用途分配费用时再借记各成本、费用账户，贷记“应付账款”账户，冲销原来计入“应付账款”账户借方的暂付款。

“应付账款”账户借方所记本月所付动力费用与贷方所记本月应付动力费用，往往不相等。如果是借方余额，为本月支付款大于应付款的多付动力费用，可以抵冲下月应付费用；如果是贷方余额，为本月应付款大于支付款的应付未付动力费用，可以在下月支付。

外购动力实际上也相当于外购的材料，由于没有价值实体，因而无法设置专门账户进行核算，也无收、发、存多环节的核算，所以在外购时，根据其具体用途直接借记各成本、费用账户。

2. 外购动力费用的分配

直接用于产品生产的动力费用应该单独计入产品成本的“燃料及动力”成本项目。外购动力费用的分配，在有仪表记录的情况下，应根据仪表所示耗用动力的数量以及动力的单价计算；在没有仪表记录的情况下，可按生产工时比例、机器工时比例、定额耗电量比例进行分配。

外购动力费用的分配可通过编制外购动力费用分配表来进行。直接用于产品生产、设有“燃料及动力”成本项目的动力费用，应单独计入“生产成本—基本生产成本”总账账户和所属有关的产品成本明细账和借方；直接用于辅助生产的动力费用、用于基本生产和辅助生产但未专设成本项目的动力费用、用于组织和管理生产经营活动的动力费用，则应分别计入“生产成本—辅助生产成本”“制造费用”“管理费用”总账账户和所属明细账的借方。

外购动力费用总额，应根据有关转账凭证或付款凭证计入“应付账款”或“银行存款”账户的贷方，计入“生产成本—基本生产成本”“制造费用”“生产成本—辅助生产成本”“管理费用”等账户的借方。

如果生产工艺用的燃料和动力没有专门设立成本项目，直接用于产品生产的燃料费用和动力费用，可以分别计入“原材料”成本项目和“制造费用”成本项目，作为原材料费用和制造费用进行核算。

（三）职工薪酬费用的归集和分配

1. 职工薪酬费用的归集

职工薪酬，是指企业为获得职工提供的服务而给予的各种形式的报酬以及其他相关支出。这里所称“职工”比较宽泛，包括三类人员：①与企业订立劳动合同的所有人员，含全职、兼职和临时职工；②未与企业订立劳动合同，但由企业正式任命的企业治理层和管理层人员，如董事会成员、监事会成员等；③在企业的计划和控制下虽未与企业订立劳动合同或未由其正式任命，但为其提供与职工类似服务的人员。

职工薪酬主要包括以下八项内容。

（1）职工工资、奖金、津贴和补贴，是指按照国家统计局的规定，构成工资总额的计时工资、计件工资、支付给职工的超额劳动报酬和增收节支的劳动报酬，为了补偿职工特殊或额外的劳动消耗和因其他特殊原因支付给职工的津贴，以及为了保证职工工资水平不受物价影响而支付给职工的物价补贴等。

（2）职工福利费，主要是尚未实行分离办社会职能或主辅分离、辅业改制的企业，内设医务室、职工浴室、理发室等集体福利机构人员的工资、医务经费，职工因公负伤赴外地就医路费、职工生活困难补助，以及按照国家规定开支的其他职工福利支出。

（3）医疗保险费、养老保险费、失业保险费、工伤保险费和生育保险费等社会保险费，是指企业按照国务院、各地方政府或企业年金计划规定的基准和比例计算，向社会保险经办机构缴纳的医疗保险费、养老保险费（包括向社会保险经办机构缴纳的基本养老保险费和向企业年金基金相关管理人缴纳的补充养老保险费）、失业保险费、工伤保险费和生育保险费。企业以购买商业保险的形式提供给职工的各种保险待遇属于企业提供的职工薪酬，应当按照职工薪酬的原则进行确认、计量和披露。

（4）住房公积金，是指企业按照规定的基准和比例计算，向住房公积金管理机构缴存的住房公积金。住房公积金是住房分配社会化、货币化和法治化的主要形式。

（5）工会经费和职工教育经费，是指企业为了改善职工文化生活、为职工学习先进技术和提高文化水平和业务素质，用于开展工会活动和职工教育及职业技能培训等的相关支出。

（6）非货币性福利，是指企业以自己的产品或外购商品发放给职工作为福利，企业提供给职工无偿使用自己拥有的资产或租赁资产供职工无偿使用，比如提供给企业高级管理人员使用的住房、免费为职工提供诸如医疗保健的服务或向职工提供企业支付了一定补贴的商品或服务、以低于成本的价格向职工出售住房等。

（7）因解除与职工的劳动关系给予的补偿，是指由于分离办社会职能，实施主辅分离、辅业改制分流安置富余人员，实施重组、改组计划，职工不能胜任等原因，企业在职工劳动合同尚未到期之前解除与职工的劳动关系，或者为鼓励职工自愿接受裁减而提出补偿建议的计划中给予职工的经济补偿，即国际财务报告准则中所指的辞退福利。

（8）其他与获得职工提供的服务相关的支出，是指除上述七种薪酬以外的其他为获得职工提供的服务而给予的薪酬，比如企业提供给职工以权益形式结算的认股权、以现金形式结算但以权益工具公允价值为基础确定的现金股票增值权等。

总之，从薪酬的涵盖时间和支付形式来看，职工薪酬包括企业在职工在职期间和离职后给予的所有货币性薪酬和非货币性福利；从薪酬的支付对象来看，职工薪酬包括提供给职工本人及其配偶、子女或其他被赡养人的福利，比如支付给因公伤亡职工的配偶、子女或其他被赡养人的抚恤金。

2. 职工薪酬费用的分配

为了如实地反映企业与职工之间各项工资薪酬费用的结算情况，企业应设置“应付职工薪酬”账户。该账户属于负债类账户，用来核算企业根据有关规定应付给职工的各种薪酬。“应付职工薪酬”账户应当设置“工资”“职工福利费”“社会保险费”“住房公积金”“工会经费”“职工教育经费”“非货币性福利”“辞退福利”等项目进行明细核算。

职工薪酬费用的分配方法，包括生产工时分配法、直接材料成本分配法和系数分配法等。直接材料成本分配法的分配标准，是受益对象的直接材料成本，只适用于产品材料成本比重较大，且工资费用的发生与材料成本的多少直接相关的情况；系数分配法，主要适用于同类产品中不同规格、型号的产品之间费用的分配。因此，这两种方法都有一定的局限性。

生产工时分配法的分配标准，是产品实际生产工时，在计时工资制度下，生产工时的多少与工资费用的多少直接相关，因此，这种方法比较合理。

（四）折旧费用的归集和分配

产品生产的特点决定了企业在生产过程中除发生材料和工资费用等劳动对象和劳动力的消耗外，还有物资设备的磨损以及与产品生产有关的其他支出。这些耗费与支出，在产品成本中没有专设的成本项目，作为产品成本构成要素的特殊内容，必须按照相关规定进行正确的归集分配，按照收益对象和费用划分标准将发生的耗费与支出计入有关的成本费用，以便正确地计算产品成本，为考核当期的费用水平提供资料。

固定资产是企业生产必备的物质条件，任何一项固定资产在存续期内都必然发生损耗，这种损耗最终都要计入各有关的产品成本或费用。由于固定资产在各产品生产单位或部门的用途不同，因而核算上应先按使用单位进行归集，然后采用一定方法分配计入有关的成本费用账户。

企业的固定资产能多次参加生产过程，并在使用过程中保持实物形态不变，但其价值会随着实物的损耗而逐渐减少。固定资产由于损耗而减少的价值就是固定资产的折旧，固定资产折旧以折旧费的形式按月计入产品成本和期间费用。企业应根据确定的折旧计算方法和计算折旧的范围提取折旧。

固定资产折旧费一般不单独设置成本项目，应按使用部门分别计入制造费用、管理费用、销售费用等总账账户及其明细账户。机器设备的折旧费用虽然是直接用于产品生产的费用，但由于一种机器设备可能生产多种产品，一种产品的生产又往往需要使用多种机器设备，分配的工作比较复杂。因此，为了简化产品成本的计算工作，折旧费用不直接计入“生产成本——基本生产成本”账户。

（五）其他费用的归集和分配

其他费用，是指除以上费用以外的各项要素费用，具体包括邮电费、修理费、差旅费、保险费、劳动保护费、运输费、办公费、印刷费、交通补助费、业务招待费、排污费、利息和有关的费用性税金。这些费用都没有专设成本项目，在费用发生时，按照发生的车间、部门，分别计入“制造费用”“辅助生产成本”“管理费用”“在建工程”“财务费用”等账户。

二、综合性费用的归集和分配

（一）辅助生产费用的归集和分配

生产车间按生产职能不同，分为基本生产车间和辅助生产车间。基本生产车间是指从事商品产品生产的车间；辅助生产车间是指为基本生产车间、企业行政管理部门等单位服务而进行产品生产和劳务供应的车间。

辅助生产车间根据它所提供的产品、劳务、作业的品种不同可分为两种：一种是只提供一种产品、劳务或作业的辅助生产车间，称为单品种辅助生产车间，如供水、供电、供气、运输等；另一种是提供多种产品、劳务或作业的辅助生产，称为多品种辅助生产车间，如机械修理、工具模具制造等。

辅助生产车间提供的产品和劳务主要服务于企业的基本生产和企业管理，有时也对外销售。辅助生产成本的高低对产品成本有直接影响。只有正确计算应由产品负担的辅助生产费用后，才能进行产品成本的计算。

1. 辅助生产费用的归集

辅助生产的类型不同，其辅助生产成本归集的程序也不相同。

（1）单品种辅助生产车间成本归集。单品种辅助生产车间成本归集可按车间设置“辅助生产成本明细账”，并按成本项目设置专栏。单品种辅助生产车间发生的费用均为直接费用。

（2）多品种辅助生产车间成本归集。在多品种辅助生产车间，所发生的费用需由两个或两个以上的产品、劳务或作业负担，应将共同费用在受益对象之间进行分配。除了按车间分别设置辅助生产成本明细账外，还应按各种产品、劳务，分别开设成本计算单，登记当月发生的直接材料、直接人工等直接成本项目费用。其他费用先在“制造费用—辅助生产费用”核算，月末采用适当的方法，分配计入有关产品和劳务成本计算单。

2. 辅助生产费用的分配

辅助生产费用的分配，就是将辅助生产成本各明细账上所归集的费用，采用一定的方法计算出辅助生产产品或劳务的总成本和单位成本，并按各受益对象耗用的数量计入基本生产成本或期间费用的过程。辅助生产费用的分配，应遵循以下两项原则。

（1）谁受益谁负担。对于接受辅助生产部门提供的产品等，应该由受益方来承担相应的辅助生产成本。如果能够明确确认受益对象，那么成本会直接计入受益部门。然而，如果无法明确确认受益对象，就需要按照受益比例来在各个受益部门进行分配。这意味着多受益的部门将获得更多的分配，而受益较少的部门将获得较少的分配。

（2）分配方法力求简便、合理、易行。辅助生产产品（劳务或作业）单位成本的确定：对只有一种产品且又没有期末在产品的辅助生产，一般比较简单，该辅助生产车间发生的费用总数除以产量或劳务总量就可得出产品或劳务、作业的单位成本；对生产多品种产品或期末有在产品的辅助生产部门，其单位成本的计算与基本生产产品成本计算相同。

各部门受益量的确定：凡可用仪表计量的，如供水、供电、供气等，以仪表抄表数作为分配费用的标准；对没有仪表计量的，如修理部门，则应以合理的计量单位作为计量标准，如机器工时、实用工时等。

（二）制造费用的归集和分配

1. 制造费用的归集

制造费用，是指企业为生产产品和提供劳务而发生的各项间接费用，包括生产车间发生的机物料消耗、管理人员的工资、福利费等职工薪酬、折旧费、办公费、水电费、季节性的停工损失等。制造费用属于应计入产品成本但不专设成本项目的各项成本。

制造费用归集和分配应当通过“制造费用”科目进行。该科目应当根据有关付款凭证、转账凭证和前述各种成本分配表登记，此外，还应按不同的车间设立明细账，账内按照成本项目设立专栏，分别反映各车间各项制造费用的发生情况和分配转出情况。基本生产车间和辅助生产车间发生的直接用于生产，但没有专设成本项目的各种材料成本以及用于组织和管理生产活动的各种材料成本，一般应借记“制造费用”及其明细账（基本生产车间或辅助生产车间）的相关成本项目，贷记“原材料”等科目；基本生产车间和辅助生产车间管理人员的工资、福利费等职工薪酬，应计入“制造费用”科目和所属明细账的借方，同时，贷记“应付职工薪酬”科目。

2. 制造费用的分配

如果企业只生产一种产品，则制造费用不需要分配，直接全额转入该种产品的“基本生产成本”账户。如果企业同时生产多种产品，则需要按照一定的标准进行分配结转。

制造费用的分配方法主要有：生产工时比例法、生产工人工资比例法、机器工时比例法、年度计划分配率法。其中，生产工人工资比例法适用于各种产品的机械化程度大致相同的情况，而机器工时比例法则适用于机械化程度较高的车间或企业，年度计划分配率法适用于季节性生产或季节性费用比重较大的企业或车间。

（三）损失性费用的归集和分配

生产损失，主要包括废品损失和停工损失。

1. 废品损失的归集和分配

废品，是指不符合规定的技术标准，不能按照原定用途使用，或者需要加工修复后才能使用的在产品、半成品和产成品。

废品损失，是指在生产过程中发现的和入库后发现的各种废品的报废损失和修复费用。

废品的报废损失，是指不可修复的废品的实际成本减去回收材料和废料价值后的净损失。废品的修复费用，是指可以修复的废品在返修过程中发生的修理费用。

（1）可修复废品损失的核算的归集和分配。可修复废品损失是指对于可修复的废品在修复过程中所发生的各项修复费用扣除回收价之后的净损失。

（2）不可修复废品损失的归集和分配。不可修复废品损失，是指不可修复废品的生产成本，扣除回收的残料价值和应收赔款以后的净损失。不可修复废品的成本与同种合格产品成本是同时发生的，并已归集计入该种产品的生产成本明细账中。其中，不可修复废品的生产成本可以按实际成本计算，也可以按计划成本计算。废品损失通常只计入本月完工产品成本中，而在产品、自制半成品一般不负担。这样可集中将本月的废品损失反映于本月完工产品，引起管理者重视。不可修复废品成本按实际费用计算和分配废品损失，虽然符合实际，但核算的工作量较大，且须等“基本生产成本”实际生产费用汇总以后才能计算、结转废品实际成本。

另外，废品损失也可按废品所耗定额费用计算，按所耗定额费用计算废品成本，就是按不可修复废品的数量和各项费用定额计算废品的定额成本，再将废品的定额成本扣除回收的残料价值和应收赔款计算出废品损失，而不考虑废品实际发生的费用。

2. 停工损失的归集和分配

停工损失，是指基本生产车间由于停电、待料、机器设备发生故障或进行大修理、计划减产等原因停工期间所发生的各项费用。企业可以单独设置“停工损失”账户和成本项目进行核算。

为了单独核算停工损失，可设置“停工损失”账户，并在基本生产成本明细账中单独设立“停工损失”成本项目。

对应计入产品成本的停工损失，若停工的车间只生产一种产品，则将停工净损失（停工期间发生的各项费用减去能取得赔偿的部分）直接计入该种产品成本明细账的“停工损失”成本项目；若停工的车间生产多种产品，则应采用适当的方法将停工净损失分配计入该车间各种产品成本明细账的“停工损失”成本项目。通过上述分配程序，“停工损失”科目应无月末余额。

第二节　成本核算的品种法

一、品种法的含义与特征

（一）品种法的含义

品种法是指按照产品品种计算产品成本的一种方法，即以产品品种为成本计算对象，归集各项生产费用，计算各种产品的总成本和单位成本。由于任何生产类型、采用任何成本计算方法的企业，最终都必须按照产品品种计算出生产成本，因此，品种法又是企业产品成本计算中最基本的计算方法。

品种法适用于以下三种类型的企业。

第一，大量大批单步骤生产的企业。凡是大量大批单步骤生产一种或几种产品，如发电、供水、采掘、供气、铸造等企业，均可采用品种法计算产品的成本。

第二，不要求分步骤计算半成品成本的大量大批多步骤生产的产品。对小规模生产企业或车间所生产的产品，或者是封闭式的车间（即按产品设立的车间，从投料到产品生产的全部过程都在一个车间内进行）所生产的产品，或者是按流水线组织生产的产品，在管理上不要求提供各步骤的成本资料时，可以用品种法计算产品的成本，如糖果厂、小水泥厂、造纸厂等。

第三，企业内部辅助生产车间生产的劳务产品。企业设置的供水、供电、供气等辅助生产车间为基本生产车间，企业管理部门与其他辅助生产车间提供水、电、气等劳务或产品，产品品种单一，生产过程比较简单，可以采用品种法计算其成本。

（二）品种法的特征

第一，成本计算对象。品种法的成本计算对象是每种产品，因此在进行成本计算时，需要为每一种产品设置一本产品成本明细账，以归集生产过程中发生的费用。如果企业只生产一种产品，则只设置一本产品成本明细账，账内按成本项目设置专栏。这时，本月所发生的费用都是直接费用，应全部列入该种产品成本明细账的有关成本项目中，不存在将生产费用在各种产品之间进行分配的问题。如果企业生产多种产品，就需要按每种产品分别设置产品成本明细账，对生产过程中所发生的费用，凡能分清应由哪种产品负担的，则应直接计入该种产品成本明细账的有关成本项目中；凡是几种产品共同耗用而又不能分清由哪种产品负担多少数额的费用，则应采用适当的方法，在各种产品之间进行分配，再计入各种产品成本明细账的有关成本项目。

第二，成本计算期。在大量大批的单步骤生产中，由于是不断地重复生产一种或几种产品，因此，不能在产品完工时就计算它的成本，而只能定期地在月末计算。品种法的成本计算期与产品生产周期不一样。

第三，费用在完工产品与在产品之间的分配。月末计算在产品成本时，如果没有在产品或在产品数量很少，成本数额也不多，就不需要计算在产品成本，产品成本明细账中按成本项目归集的生产费用，就是该产品的完工产品总成本，用总成本除以产量，即为单位成本。在一些规模较小、管理上不要求按照生产步骤计算产品成本的大量、大批的多步骤生产中，月末一般都有在产品，而且数量较多，这就需要将产品成本明细账中归集的生产费用，在完工产品和月末在产品之间，采用适当的方法进行分配，从而计算出完工产品和月末在产品的成本。

二、品种法成本核算的程序

第一，按产品品种设置产品成本明细账。在账内按成本项目（直接材料、直接工资、制造费用）设置专栏，对于有月初在产品成本的产品，还应在产品成本明细账中登记月初在产品的成本。

第二，归集和分配本月发生的各项费用。根据生产过程中发生的各项费用的原始凭证和有关资料，编制各种费用分配表，根据各种费用分配表登记到所设置的“基本生产成本明细账”“产品成本明细账”“辅助生产成本明细账”“制造费用明细账”中。

第三，分配辅助生产费用。将“生产成本——辅助生产成本明细账”上所归集的费用，按各种产品和各单位的耗用量，编制“辅助生产费用分配表”，分配辅助生产费用。

第四，分配单位制造费用。将“制造费用明细账”上所归集的费用，采用一定的方法，在各种产品之间进行分配，编制“制造费用分配表”，并登记到设置的“生产成本—基本生产成本明细账”和其所属的“产品成本明细账”中。

第五，计算本月完工产品实际总成本和单位成本，成本在完工产品和在产品之间分配期末，将计入产品成本明细账的各种生产费用汇总，计算累计生产费用。如果企业没有在产品，不需计算在产品成本时，累计生产费用为完工产成品总成本；如果企业有在产品，则通过适当的方法，把累计生产费用在完工产品和在产品之间进行分配，计算完工产品和月末在产品成本。

第六，结转本月完工产品成本。根据各产品成本明细账中计算出来的本月完工产品成本，汇总编制“完工产品成本汇总计算表”。

第三节　成本核算的分批法

一、分批法的意义与特征

（一）分批法的意义

“供给侧改革的途径之一是降低企业成本，为此，企业必须选择适合的成本核算方法进行成本核算，从而提供客观准确、及时有用的成本信息进行成本管理，以有效地降低企业成本。”[①] 分批法，是按照产品的批别来归集生产费用、计算产品成本的一种方法。它主要适用于单件小批生产的机械、船舶、服装等制造企业，也适用于咨询公司、会计师事

① 黄湘，徐青原．供给侧改革下成本核算方法的最佳选择：分批法 [J]. 财会月刊（会计版），2016（12）：44-47.

务所等服务性企业。

在单件小批生产的企业里，生产一般是根据购买单位的订单来组织的。由于各张订单所订购的产品往往种类不同或者规格不一，所用的材料和加工程序也各不相同，因此，各张订单的成本必须分别计算。尤其对订货合同价格须根据成本决定，并在向订货者报告该批订货的成本时，就更应按订单计算成本。有些小批量生产企业根据其确定的计划组织生产，各批产品种类、规格不同，也必须分批计算成本。

采用分批法的企业，有些是根据购买单位的要求生产特殊规格、规定数量的产品，它们可能是单件的大型产品，也可能是几件同样规格的产品，如船舶、重型机器设备、特种仪器等；有些是根据市场的需求不断改变产品的种类和数量，如门锁、插销、高档时装等；有些则是从事修理业务，由于修理业务多种多样，各种不同的修理业务的成本不尽相同，需要根据承接的各项修理业务分别计算成本。

（二）分批法的特征

分批法的特征，主要表现在成本计算对象、成本计算期和生产费用分配三个方面。

1. 成本计算对象

分批法以不同批别或订单的产品作为成本计算对象，按生产批号或订单号设置生产成本明细账，归集生产费用，计算完工产品总成本和单位成本。对各批产品发生的直接计入费用，直接记入各批产品生产成本明细账的有关成本项目；对各批产品共同发生的间接计入费用，先按发生地点归集，然后按一定的标准在各批产品之间进行分配。

2. 成本计算期

在按批别组织生产的情况下，各批产品的生产周期是各不相同的。有的为一个月，更多的则为几个月或者更长，而各批产品的成本要在其完工后才能计算。因此，在分批法下，成本计算期是不定期的，与会计核算的报告期不一致。它是从各批产品的生产开工开始，到完工检验合格入库结束，与产品的生产周期是一致的。

3. 生产费用分配

在分批法下，要按月归集和分配各批产品的成本费用。由于成本计算期与产品的生产周期一致，在某批产品完工前，该批产品生产成本明细账上所归集的成本费用，就是在产品成本；当该批产品完工后，在该批产品生产成本明细账上所归集的成本费用，就是产成品成本。所以，一般不存在将成本费用在完工产品与在产品之间划分的问题。但如果批内产品跨月陆续完工，则应采用适当的方法，对当月完工产品的成本进行估算，以便结转当月完工产品成本。

二、分批法成本核算的程序

采用分批法计算产品成本时，一般可按照以下两个步骤进行。

第一，在产品投产时，会计部门根据生产计划部门签发的生产通知单，为每批产品开设一张基本生产成本明细账（或称产品成本计算单），并注明生产通知单号（或称订单号、批号、工作令号）。

第二，当领用材料及发生其他各项直接计入费用时，在有关的原始凭证上都应填明生产通知单号，以便将这些直接计入费用直接记入各批产品生产成本明细账内。发生的间接计入费用则应按其用途和发生地点予以归集，然后按一定的标准，分配记入有关各批产品的生产成本明细账内。在选择分配标准时应考虑的原则是：分配标准与费用的发生存在一定的因果比例关系，且分配标准的数据又比较容易取得。常用的分配标准有生产工人工时、机器工时等。

第四节 成本核算的分步法

一、分步法的意义与特征

（一）分步法的意义

分步成本法简称分步法，它是以产品生产过程中各个加工步骤为成本计算对象来归集生产费用、计算产品成本的一种成本计算方法。这种方法一般适用于大量大批的连续式生产，生产的同质产品往往按同样的方式分步加工，因此可以假定这些产品所耗费的直接材料、直接人工和制造费用是相同的，诸如冶金、纺织、造纸等行业的企业产品的生产。

在这些企业里，生产的工艺过程由一系列连续加工步骤所构成，从原材料投入生产，每经过一个加工步骤都形成一种半成品，而这些半成品则是下一步骤的加工对象，直到最后步骤生产出产成品。其中，中间步骤生产的半成品有时可直接对外销售。这种连续加工式的生产组织方式通常是大批或大量生产，即产品在生产线上是川流不息地往下移动的。各种产品生产的程序、生产方法都是相同的，一般没有特殊规格的产品和特定的生产方法。

此外，一些大量大批装配式流水线生产的企业，如生产电视机、电冰箱的企业等，其产品成本计算方法也可采用分步法。

（二）分步法的特征

第一，成本计算对象。以各个加工步骤的各种或各类产品作为成本计算对象，按每个加工步骤的各种或各类产品设置成本明细账进行成本核算。

第二，生产费用的归集。生产过程中所发生的生产费用是按加工步骤进行归集的。各步骤所发生的直接费用直接计入各步骤的各产品成本，各步骤的间接费用先按各步骤归集，然后按一定的标准在该步骤的各产品间进行分配。

第三，成本计算期。由于是在大量大批连续式生产的情况下，各步骤每月都有一部分产品完工结转下一步骤或供销售，所以成本计算是定期的，每月月底进行成本计算，成本计算期与生产周期不一致，而与会计报告期一致。

第四，在产品的计价。在大量大批连续式生产的情况下，产品生产是按规定的品种或类别周期地或不断地进行，在计算完工产品成本时，每一步骤一般总有若干在产品存在。因此，必须按照一定的标准将产品成本在完工产品与在产品之间进行划分，即存在产品的计价问题。

二、分步法成本核算的程序

（一）逐步结转分步法

逐步结转分步法，是按照产品连续加工的先后顺序，首先计算第一步骤完工的半成品成本，随着半成品实物由第一步骤转到第二步骤加工，半成品成本也从第一步骤成本明细账结转到第二步骤成本明细账上，然后加上第二步骤加工投入的费用，计算出第二步骤完工的半成品成本。如此按步骤顺序结转，直到最后步骤计算出产成品成本为止。由于此方法在每一步骤的成本明细账上反映了半成品成本的信息，因此又称为计列半成品法，它为半成品的销售定价提供了决策信息。

（二）平行结转分步法

在平行结转分步法下，各步骤只计算在本步骤所发生的生产成本，一般不计算各步骤完工半成品的成本。换言之，虽然各步骤所生产的半成品实物按生产加工的顺序转移到下一步骤继续加工生产，但其成本却依然留在该步骤生产成本明细账上，并不随其实物结转至下一步骤的生产成本明细账。各步骤生产成本明细账上归集的生产费用总额要计算出最后完工的产成品应负担的成本份额，并将其平行地计入产成品成本内。由于这种方法在每一步骤的生产成本明细账上不反映半成品成本的信息，因此又称为不计列半成品法。

第六章　成本的分类管理与控制

第一节　作业成本管理及其评价

自20世纪80年代以来，企业制造环境发生了巨大变化，随着自动化生产、电脑辅助设计和电脑制造的普及，以及弹性制造系统、适时制生产方式和全面质量管理的实施，生产成本中的间接费用大幅增加，其构成内容也愈加复杂。传统的成本核算方法已经无法满足经营管理的要求。为了正确核算产品的生产成本，必须改变传统的以产品为中心的成本核算思路。作业基础成本法在此背景下应运而生。

作业基础成本法，是以作业为基础，通过对作业成本动因的分析来计算产品生产成本，并为企业作业管理提供更为相关、相对准确的成本信息的一种成本计算方法。由此可见，作业基础成本法的实质就是在资源耗费和产品耗费之间借助作业来分离、归纳、组合，最终形成各种产品成本。

作业基础成本法的基本指导思想是“作业消耗资源，产品消耗作业”。根据这一指导思想，作业基础成本法把成本计算过程划分为两个阶段：第一阶段，将作业执行中耗费的资源追溯到作业，计算作业的成本并根据作业动因计算作业成本分配率；第二阶段，根据第一阶段计算的作业成本分配率和产品所耗费作业的数量，将作业成本追溯到各有关产品。因此，作业基础成本法下的成本计算过程可以概括为“资源→作业→产品”。

一、作业基础成本法的相关概念

1. 作业、作业链与价值链

作业是作业基础成本法计算模式和作业管理的核心，是企业为提供一定量的产品或劳务所消耗的原材料、人力、技术、方法和环境等的集合体。它也是与产成品的独特特性无关的重复执行的标准化方法或技术。“作业”一词在使用上比较广泛，它可以是一个部门或一个生产流程的同义词。比如，有些企业把其精加工部门称为精加工流程或精加工作业。从不同的角度出发，可对作业进行不同的分类。常见的分类方法是将作业按产出或消耗方式，分为单位水平作业、批次水平作业、产品维持作业和工厂维持作业。

单位水平作业是指能使每一单位产品都能受益的作业，如机器加工、组装。这类作业的成本包括直接材料、直接人工等。这类作业在生产过程中不断发生，并与产品产量成比例变动。

批次水平作业指与产品批次相关并能使一批产品受益的作业，如为生产某批产品而进行的设备调整、材料处理、订单处理、检验等。

产品维持作业是指为生产特定产品而进行，并能使该产品每一单位都受益的作业，如编制产品生产流程、产品数控规划、材料清单等。这种作业与产量和批次无关，仅与产品品种相关。

工厂维持作业是为使各项生产条件保持正常工作状态而发生的作业，如企业管理、设备和场地的维护、保养等。这类作业与产品种类、产品批次和产品产量都无关。

如何确定企业的作业类型，每个企业可根据其作业特点进行设计。设计作业时应考虑生产的类型、组成、多样性和复杂性，而不能仅考虑生产的业务量。在作业基础成本法下，将制造费用看成一系列作业的结果。这些作业消耗资源，并确定了制造费用的成本水平，而不是由产品直接消耗资源。也就是说，是作业驱动了制造费用成本。所以要反映产品真实的资源消耗，它们的制造费用份额必须按这种作业基础来吸纳，同时，它要求管理者分清导致成本发生的原因，在正确的层次上加以控制。

与作业相关联的概念是“作业链”和“价值链”。实质上，现代企业是为了满足顾客需要而设计的作业的集合体，因为从产品设计到产品销售过程的整个生产经营过程，都是由一系列前后有序的作业构成，这些作业由此及彼、由内到外相连接，从而形成了一条“作业链”。作业消耗资源，产品消耗作业，每一项作业的完成都需要消耗一定的资源，同时又有一定的价值量和产出转移到下一个作业。价值沿作业链在各作业之间转移，就构成了一条“价值链”。因此，“作业链”的形成过程其实就是“价值链”的形成过程。作业的推移，同时也表现为价值在企业内部的逐步积累和转移，最后形成转移给外部顾客的总价值，这个总价值就是产品的总成本。

2. 成本动因

成本动因是指驱动或产生成本、费用的各种因素，是作业基础成本体系中非常重要的一个概念。在作业成本会计中，成本动因可分为两种：一是资源动因；二是作业动因。

资源动因是指将资源成本分配到作业中心的标准，它反映了作业中心对资源的耗用情况。例如，如果人工费用的耗用主要与从事各项作业的人数有关，那就可以按照人数向各作业中心分配人工方面的费用，这里的人数就是资源动因。将资源一项一项分配到作业中心的成本要素，进行加计汇总，就形成了作业成本库。通过对成本要素和成本库的分析，可以揭示哪些资源需要减少，哪些资源需要重新配置，最终确定如何改进和降低作业成本。

作业动因是将作业中心的成本分配到产品或劳务的标准。它反映了产品消耗作业的情况。例如，各种产品或劳务所发生的设备维修费与维修小时有关，那么，维修小时就是作业动因。通过分析作业动因可以揭示哪些作业是多余的，应予以消除，哪些作业应予以改进，以及整体成本应该如何改善、如何降低等。

确定合理恰当的成本动因是作业基础成本法计算的关键。在选择成本动因时，往往需要考虑以下因素。

第一，相关程度。在分配过程中假设分配源的成本与成本动因的数量线性相关，在实际中，存在多个成本动因，成本动因数量与分配源总成本线性相关最好的成本动因是最恰当的成本动因，这样能保证成本信息的准确性。

第二，实行成本。一次分配需要针对每个分配目标采集成本动因数据，无法采集数据则无法分配。确定成本动因时，必须考虑成本动因数据采集成本，保证相关数据易获取。如果数据采集成本太大，就可能使作业成本法无法实施。

第三，行为导向。不同的成本动因有不同的分配结果，不同的成本分配结果以及基于分配结果的管理决策（如奖金）会对组织和员工的行为产生导向作用。因此，必须仔细分析成本动因的行为导向作用。企业可以利用成本动因的行为导向功能，将员工的行为导向有利于降低成本的方向。

二、作业成本管理的实质与意义

1. 作业成本管理的实质

作业成本法的核心在于确定了“成本动因”概念，主张以成本动因作为分配间接成本的基础，利用成本动因来解释成本性态。这样，作业成本法就将间接成本与隐藏其后的推动力相联系，通过确定较为合适的成本动因，不仅能合理地分配间接成本，有效地提高成本的归属性、计算的准确性、定价决策的科学性和灵活性，而且对帮助企业制定管理决策也非常有用。

为了提高企业的经济效益，管理者总希望能从成本动因中找出增值作业和不增值作业，从而从价值链中消除不增值活动而不增加过多的成本。这种利用作业成本动因减少或消除非增值活动的过程称为作业成本管理（ABM）。作业成本管理是以提高客户价值、增加企业利润为目的，基于作业成本法的新型集中化管理方法。它通过对作业及作业成本的确认、计量，最终计算产品成本，同时对企业所有作业活动追踪（动因分析）并动态反映，进行作业分析，为企业决策提供准确信息；指导企业有效地执行必要的作业，消除和精简不能创造价值的作业，从而达到降低成本、提高效率的目的。所以，作业成本管理的核心是尽可能消除“不增值作业”，改进“增值作业”，优化“作业链”和“价值链”，最终增加“顾客价值”和“企业价值”。企业可通过改变生产布局、获取高质量的原材料、购买新设备、对某些企业难以完成的作业实施外包、提高生产技术等方法达到减少或消除某些作业的目的，而企业为此付出的代价也应是最经济、最合算的。

作业成本管理涉及的不仅仅是生产成本，而且还包括期间费用，如研发费用、销售管理费、客户服务费等。这些费用对企业利润的影响有时会超过产品生产成本对利润的影响。

2. 作业成本管理的意义

第一，作业成本管理能很好地适应高新经济技术环境对成本管理的客观要求。作业成本管理与传统成本管理的显著区别在于，前者将企业视作满足顾客需要而设计的一系列作业的集合体，企业商品凝聚了在各个作业上形成而最终转移给顾客的价值，作业链同时表现为价值链，成本管理的着眼点与重点从传统的“产品”转移到了“作业”，以作业为成本分配对象，这样不仅能合理地分配各种制造费用，提供较为客观的成本信息，而且能通过作业分析，追根溯源，不断改进作业方式，合理地进行资源配置，实现持续降低成本的目标。因此，作业成本管理能很好地适应高新经济技术环境对成本管理的客观要求。

第二，作业成本管理有利于加强成本控制。自 20 世纪 80 年代以来，现代企业间的市场竞争进入白热化。与此相适应，企业商品通常采用多品种、个性化、小批量的生产经营模式，以适应顾客日新月异的多样化需求。传统的以“产品”为管理的核心与起点，以标准成本与实际成本的差异分析及控制为重点的成本管理已越来越难以适应这种新的、动态的、不稳定的生产经营环境。而作业成本管理则以作业成本为对象，以每一作业的完成及其所耗资源为重点，以成本动因为基础，及时、有效地提供成本控制所需的相关信息。这样，可极大地增强管理人员的成本意识，并以作业中心为基础设置成本控制责任中心，将作业员工的奖惩与其作业责任成本控制直接挂钩，充分发挥企业员工的积极性、创造性与合作精神，进而达到有效地控制成本的目的。

第三，作业成本管理有利于提高商品的市场竞争能力。随着社会生产的发展和世界经济的一体化，现代企业之间的市场竞争也逐渐趋于激烈化和国际化。而我国传统的成本管理模式只注重商品投产后与生产过程相关的成本管理，忽视了投产前商品开发与设计的成本管理，已越来越难以适应当代社会经济发展的需要，极大地阻碍了企业商品市场竞争能力的提高。作业成本管理能很好地适应现代企业在激烈的市场竞争中的发展需要，从一开始就特别重视商品设计、研究开发和质量成本管理，力求按照技术与经济相统一的原则，科学合理地配置相对有限的企业资源，不断改进商品设计、工艺设计以及企业价值链的构成，从而提高企业商品的市场竞争能力。

三、作业基础成本法的评价

1. 作业基础成本法与传统成本法的比较

虽然传统成本法与作业基础成本法在程序上都有两个基本步骤，即都需要先进行成本归集，然后将归集的成本按成本比率分配给各产品，但在这两种方法下，这两个步骤是有差异的。在传统成本法下，通常将不同质的制造费用以部门为基础进行归集，并采用主观的单一的分配率进行分配与再分配，仅满足了与产出量相关的制造费用的分配；而作业基础成本法则将制造费用按不同的动因分配到一系列成本库中进行归集，然后按各自的动因率进行分配。换言之，作业基础成本法将与产出量相关的制造费用和非产出量相关的制造费用相区分，采用不同的动因进行分配，使成本库中归集的制造费用更具同质性，费用分配与分配标准之间更具因果关系。

此外，作业基础成本法给企业提供了许多增加价值的机会。这是因为作业基础成本法比传统的成本会计方法需要更多的数据，也提供了较多的有关产品成本的估计数据，这将使产品成本信息更具价值。更具价值的产品成本信息能帮助管理人员制定产品价格，并能对特殊订货的价格作出真实的判断，或有利于企业管理人员作出继续或停止生产某产品的决策。此外，通过确认各种作业的成本，管理人员可以知道哪些作业消耗的资源较多，哪些作业消耗的资源较少，从而便于采取措施以降低成本。

2. 作业基础成本法的适用条件

并非所有的企业都适合采用作业基础成本法，一般来说，作业基础成本法对具有下列特征的企业更有益。

第一，间接生产费用在产品成本结构中比重较大。间接生产费用在产品成本中所占的比重越大，采用传统成本法分配间接生产费用会使成本信息受到严重的歪曲，进而影响成本决策的正确性。如果采用作业成本法，会提高成本信息的精确度，使成本决策更具相关性。

第二，企业规模大，产品种类繁多。产品种类繁多的企业，通常存在间接生产费用在不同种类产品之间分配的问题，当与产出量相关的费用与非产出量相关的费用不呈同比例变动时，传统成本计算法笼统地将不同质的间接生产费用统一以产出量为基础进行分配，显然会使成本信息不可靠。而作业基础成本法则以作业为中心，区分不同质的费用采用不同的动因进行分配，能更准确地将成本追溯到各种产品。

第三，产品工艺过程复杂，作业环节多且容易辨认。作业环节越多，间接生产费用的发生与产出量不相关的可能性就越大，采用单一与产出量相关的分配基础对成本信息的扭曲越大，同时，作业环节越多，非增值作业就可能越多，这时采用作业基础成本法，对消除非增值作业、降低产品成本大有裨益。

第四，生产调整准备成本较高，各次投产数量相差较大。生产准备成本通常与投产批次相关，而与每批的投产数量关系不大，若将这种成本按产出量相关的基础分配到各产品，则会导致分配结果不准确。而作业基础成本法则把该成本按各产品对调整作业的消耗次数分配到各产品，这样显然提高了分配的准确性。

第五，计算机技术较高。先进的计算机技术，可以以适当的成本帮助作业基础成本完成比传统成本计算更为复杂、对计算结果的准确性要求更高的数据收集、信息提供和程序运行工作。

总之，当企业现行成本体系提供的成本信息的准确性受到怀疑，而且已不适应企业管理需求时，在评估自身的条件和能力后，可以考虑采用作业基础成本法。

第二节　战略成本管理及其制度维护

一、战略成本管理的解读

“战略”一词源于军事用语，是对战争全局的筹划和指导，泛指重大的、具有全局性的决策谋划。20 世纪 60 年代兴起的战略管理理论将战略思想运用于企业管理以适应愈演愈烈的市场竞争环境。企业战略是为谋求企业未来竞争优势提高而作出的、将对全局产生影响的长期规划。

企业战略可以分为企业总体战略、经营单位战略和职能部门战略三个层次。创建企业未来持续发展的竞争优势，要求企业从战略的角度制定竞争战略，有效配置企业的资源，协调企业的各项经营活动。战略管理需要企业若干不同管理部门的支持，成本管理作为企业管理的重要有机组成部分必须适应战略管理对成本信息的需求。传统成本管理所提供的成本信息已经无法满足战略决策的需要，因此，战略成本管理应运而生。

战略成本管理是战略思想在成本管理中的具体应用，是为了获得和保持企业持久竞争优势而进行的成本分析与管理。进行战略成本管理，不仅要降低成本，更要注重与企业的竞争战略相配合，以保持企业的竞争优势。具体来说，战略成本管理就是适应战略管理的需要，从战略的高度根据企业内外部环境的变化对更广泛的成本实施管理，运用专门方法提供企业本身及其竞争对手的分析资料，提供与材料采购、产品生产、销售、顾客服务等一系列作业活动及决策有关的准确的成本信息，并进行分析与考核，帮助管理者形成和评价企业战略，以有利于企业建立和保持长久的竞争优势。战略成本管理是对传统成本管理的发展，也是企业战略管理系统的重要子系统之一。

二、战略成本管理的意义

成本管理的基本功能定位是为管理者提供成本信息，以帮助管理者利用成本信息进行经营决策。从战略管理的角度看，传统成本管理存在很多缺陷。比如，传统成本管理关注企业内部生产经营活动的价值消耗，很少考虑分析企业外部环境；传统成本管理要求最大限度地减少企业各种经营活动的成本以谋取利润最大化，这与战略管理所要求的形成企业竞争优势的目标不协调。降低成本在任何时候都是不可忽视的，但从竞争战略的角度来看，传统成本管理没有很好地将成本管理与竞争优势相联系，可能使企业丧失好的发展机遇，更谈不上竞争优势的形成；传统成本管理对影响成本的因素分析得不够全面，只重视明显的成本因素，如材料费、人工费和管理费用等，而忽视了隐含的成本因素，如市场开拓、内部结构的调整、企业管理文化等，不能全面揭示企业成本的真正构成，从而会影响决策的正确性。

战略成本管理是适应管理学科的发展及企业内外环境变化而适时发展起来的，具有一定的现实意义。

1. 战略成本管理的形成是市场经济和竞争的必然结果

战略成本管理的形成和发展是随着战略管理理论的提出而逐步发展起来的。随着时代的变迁，世界范围内的经济环境在各方面都发生了巨大变化，特别是 20 世纪六七十年代以后，企业所处的政治、经济、文化和自然环境与过去相比有了很大的变化，企业之间的竞争更加激烈，科学技术迅速发展，从而使企业面临着更加严峻的挑战。其主要表现在以下三个方面。

第一，需求结构发生变化。基本消费品的需求已经饱和，市场由卖方市场转为买方市场，个性化需求提高，顾客更加注重产品质量。

第二，科学技术突飞猛进。科技的发展促进了企业生产技术的提高和设备的更新，促进了先进制造工艺的发展。同时，信息技术的发展改变了企业的内部制造环境。

第三，全球化竞争日益激烈。企业所面临的外部竞争范围不断扩大，跨国公司大量涌现，使世界范围的资本流通更加快速，同时，也造就了更加激烈的竞争环境和更大的经营风险。这些变化给企业的生存带来了前所未有的挑战，企业要生存和发展，就要采取更加有效的管理方式，战略管理应运而生。正是战略管理的产生，使战略成为企业的核心，而成本是战略的关键，战略成本管理就自然形成了。成本是决定企业在竞争中能否取得份额以及占有多少份额的关键因素，而影响竞争成本的核心是企业的战略成本而非传统的经营成本。因此，战略成本管理理论和实务的不断发展完善对经济的发展特别是成本管理工作具有重要意义。

2. 战略成本管理是对传统成本管理理论的飞跃

传统的成本管理理论仅仅局限于成本核算，没有真正实现管理的职能。战略成本管理融合了先进的管理理论和方法，注重综合管理学、系统学、运筹学、经济学等学科的知识技能，应用先进的管理方法，如价值链分析、成本动因分析、竞争环境分析等，将成本信息贯穿于战略管理的整个循环过程之中，通过对企业成本结构、成本行为的全面了解、控制与改善，谋求企业的长期竞争优势。因此，可以说战略成本管理理论是一个开放的系统理论，它适应战略管理的需要，侧重于不同方面的成本管理，同时注意与现代管理学紧密地结合，应用先进的管理方法和技术手段以提供相关的成本信息。战略成本管理理论已经形成了完整的系统结构，并且在不断发展，对成本管理理论的发展以及管理学等相关学科的发展都有重要的理论意义。

3. 战略成本管理有利于更新成本管理观念

按照传统的成本管理理念，成本管理的目标就是降低成本，节约是企业降低成本的主要手段。应当说，节约作为成本管理的一种手段是不容置疑的，但它不应当是唯一的手段。现代成本管理的目标应当是以尽可能少的成本开支获得尽可能多的使用价值，从而为获得经济利益提供一个良好的基础。从战略成本管理的角度来分析成本管理的这一目标，可以说成本降低是有一定条件和限度的，在某些情况下控制成本费用，可能会导致产品质量和企业效益下降。但是，如果企业能以较低的成本升幅获得更高的使用价值，那自然可以大大提高企业的经济效益，这是一种可取的战略。企业能否取得竞争优势，取决于其能否做到“以同样的成本为顾客提供更优的使用价值”或“以较低的成本提供相同的使用价值”。企业采用何种成本战略，取决于企业整个经营战略和竞争战略，成本管理必须为整个企业的经营管理服务，而不只是局限于一味追求成本降低。

4. 战略成本管理的实施有利于改善企业经营管理

战略成本管理是企业战略管理顺利实施的基石，应用战略成本管理有助于企业从战略的角度把握企业的成本管理，避免只顾短期利益，一味以低成本来决定各项决策的短期行为。采用战略定位分析、价值链分析及成本动因分析等多种战略管理方法，将企业成本管理从仅限于企业内部扩展到企业外部，利用不同的成本管理重点来支持企业不同的竞争战略。这样，战略成本管理能提供更加有利于企业未来发展和战略决策的包括竞争对手和企业自身整个产品生命周期的不同阶段的成本信息，有利于管理者随时掌握企业的优势和劣势，并制定适合企业保持竞争优势的竞争战略。

另外，从我国企业所进行的成本管理改革现状来看，大多数企业没有真正领悟战略成本管理思想和方法的精髓，以致大多数企业仍然保留传统成本管理的方式，没有真正地实施战略成本管理，或使企业已经制定的战略目标难以实现。因此，研究和实施战略成本管理对我国企业管理方式和手段的革新具有重大的现实意义。

三、战略成本管理的目标

战略成本管理是基于战略管理思想建立起来的管理系统。从系统论的观点来说，其内容、方法以及管理的重点都不是一成不变的，它要为适应企业不同时期、不同层次的战略定位而有所改变。目标是系统运作的方向和所希望实现的结果，正确的目标是系统良性运行的前提。企业战略成本管理的目标是企业实施战略成本管理活动预期所要达到的目的，是战略成本管理系统的核心。战略成本管理的目标由战略成本管理的环境决定，并且对战略成本管理系统的其他要素具有指导和制约作用。因此，明确战略成本管理的目标是正确执行和完善战略成本管理系统的前提和基础。

战略成本管理是战略高度的成本管理，所以，企业规划战略成本管理的目标就不能脱离两个重要的层面：一是战略层面；二是成本管理层面。从这两个层面考虑，战略成本管理的目标应包括以下三个方面的内容。

1. 战略成本管理目标服从于战略管理的目标

企业的战略成本管理是战略管理的子系统，是服务于战略管理需要的。战略管理的目标是企业通过战略管理所要实现的结果，可以说是企业的使命。生存、发展、获利是一般企业目标的概述，在激烈的市场竞争环境下要实现企业的目标，归根结底取决于企业自身是否有与众不同的竞争优势。实施战略管理无非就是从战略的角度管理企业的经营和发展，为企业目标的实现创造竞争优势。战略成本管理作为战略管理的决策支持系统，其各项活动的开展都要有助于战略管理目标的实现，也就是说，它要通过成本管理的基本功能达到保持并创建企业的竞争优势的目标。

2. 战略成本管理目标本质上体现成本管理的职能

战略成本管理是随着时代的变革和企业竞争环境的变化以及战略管理理论的发展应用而产生和发展起来的，它不是对传统成本管理的全盘否定，而是在传统成本管理的基础上引入战略的思想，拓展成本管理的时间和空间范围，是为适应战略管理的需要而对传统成本管理的发展和完善。所以，作为成本管理系统，进行成本管理工作仍然是战略成本管理的基本职能，成本管理所要达到的目标也就是战略成本管理的基本和首要目标。成本管理就是对企业与发生成本有关的各项活动进行成本信息的反映和管理，以提供与决策相关的成本信息。战略成本管理的目标不仅是提供传统成本管理所提供的战术意义上的成本信息，更重要的是提供战略意义上的与决策相关的成本信息，以帮助企业管理者进行战略决策。可见，战略成本管理系统的基本目标就是为决策者提供有用的战略性成本信息，体现了成本管理的基本职能。

3. 追求成本持续降低的成本结构和环境

尽管战略成本管理已确定的某项决策可能会带来暂时的成本提高，但成本的提高是以企业竞争力的建立和维持为结果的。那么，与传统成本管理追求成本降低的目标相比较，战略成本管理更注重放弃短期利益，而代之以从长期的角度来营造有利于未来一定时期内成本持续降低的成本结构和环境。

总之，战略成本管理的目标就是通过提供与决策相关的战术和战略方面的成本信息，来协助管理者进行正确的战略决策，以促进企业竞争优势的形成和成本持续降低环境的建立，从而实现企业的战略目标。

四、战略成本管理的实施

战略成本管理是企业战略管理的重要支持系统。要阐述战略成本管理的实施就不能脱离战略管理的程序，战略成本管理只有配合战略管理才能为企业战略目标的实现提供信息支持。企业战略管理具体可分为战略规划、战略实施和战略评价三个阶段，与之相配合的企业战略成本管理的实施可以分为战略成本的预测与决策、战略成本计划与控制、战略成本业绩评价三个阶段。战略成本管理在实施的不同阶段能提供必要的、及时的成本信息，以协调支持企业战略管理。

（一）战略规划、战略成本预测以及决策

1. 战略规划

企业进行战略管理的重要前提就是确定自己的战略目标，并进行战略定位分析，开展战略规划，选择适合自己战略发展的竞争战略，以取得竞争优势。企业的战略规划是企业实施战略管理的开端，必须充分考虑企业所处的内外部环境的变化，并科学地估计未来环境变化的趋势，以确定适合企业长期发展战略的竞争战略方案。

进行战略规划的目的是决定企业拟采取的竞争战略。企业竞争战略可以分为三个层次，即企业总体竞争战略、企业一般竞争战略和企业具体业务竞争战略。

（1）企业总体竞争战略。企业总体竞争战略是由企业所处行业环境及所从事的经营业务生命周期的不同发展阶段决定的。企业确定的总体竞争战略一般有以下三种。

第一，发展型战略。发展型战略强调充分利用企业外部的机会，避开威胁，充分利用企业内部的资源，以求得企业的发展。这一战略的特点是投入大量资源，扩大产销规模，提高现有产品的市场占有率或研发新产品并开辟新市场，这是一种以现有战略为起点向更高水平、更大规模发动进攻的竞争态势，如企业产品的市场发展战略、多元化经营战略、企业联合战略以及国际化经营战略等都属于发展型战略。

第二，稳定型战略。稳定型战略强调投入少量或中等程度的资源，保持现有产销规模

和市场占有率，稳定和巩固现有竞争地位，比如无增长和微增长战略属于稳定型战略。

第三，防御型战略。该战略是指当企业面临外部和内部环境的不利影响时，要采取撤退措施，以抵制住竞争对手的进攻，保住企业的生存空间，以便转移经营方向或积蓄力量重新发展。比如调整紧缩战略、转让归并战略及清理战略都属于防御型战略。

（2）企业一般竞争战略。企业一般竞争战略是低成本战略、差异化战略、目标集聚战略。企业一般竞争战略强调的是企业应从哪些方面获取竞争优势。

（3）企业具体业务竞争战略。从价值链的角度看，企业具体业务战略是企业各业务单元所采取的配合企业实现战略目标的具体战略。即把企业已经确定的总体战略和一般战略的指导思想具体落实到各个业务单元的具体层面上，从而形成具体业务战略，如产品开发战略、生产流程战略、销售战略、人力资源管理战略等。

企业任何一个业务单元战略的确定，都要考虑其与企业总体战略和一般竞争战略的相互配合，以确保其有利于企业总体战略和一般竞争战略目标的实现。以产品开发战略为例，当进行是否开发新产品的战略决策时，企业必然要考虑本企业所处的发展阶段和相应所确定的总体战略，如果总体战略是发展型战略，就会作出开发新产品的战略决策，并对新产品的功能、成本、价格、顾客群等进行分析；如果企业总体战略是稳定型战略，则只能投入少量的资源进行新产品研发；如果企业总体战略是防御型战略，则不会投入新的资源用于新产品的研发。再从企业一般战略来看，如果拟采取低成本战略，企业就会在产品开发战略中强调成本的作用，千方百计降低成本；如果打算采取产品差异化战略，企业就会在产品开发中强调功能的先进性；如果准备选择目标集聚战略，企业就会针对特定的顾客群或特定的市场区域开展工作，取得竞争优势。

企业实施战略管理的重点是明确正确的目标和规划，而要制定适合企业长远发展的战略规划需要大量的决策信息的支持，其中包括前面已经提到的战略定位分析工具所提供的信息。这些信息帮助企业了解自己所处行业的发展状况以及自己和竞争对手相比较的优势和劣势，使企业在总体战略和一般战略的选择中能得到充分的信息支持。同时，由于企业的任何经济活动都会涉及成本问题，所以提供未来成本信息的战略成本预测与战略成本决策信息系统则是企业必须充分考虑并用以进行战略规划的主要信息支持系统。

2. 战略成本预测

成本预测是指运用一定的科学方法，对未来成本水平及其变化趋势作出科学的估计。企业通过成本预测，掌握未来的成本水平及其变动趋势，有助于减少决策的盲目性，使管理者合理选择最优方案，从而作出正确决策。战略成本预测是成本预测理论与战略管理理论的相互结合，是成本预测方法和理论在战略成本管理中的应用。

战略成本预测是以企业历史成本资料、现实成本管理能力和未来竞争环境的变化为依据，利用现代预测理论和技术方法，对企业为实现某一特定战略而选择的一种或几种业务战略的未来的成本水平进行合理的测算，确定与企业战略相对应的成本水平，借以评价企业战略的可行性，从而为战略成本管理服务的活动。战略成本预测与战术成本预测虽然都是在预测理论基础上进行的成本预测，但是存在着许多不同：首先，战略成本预测期更长，面临的不确定因素较多，预测结果的准确性和可靠性相对较低；其次，战略成本预测大多采用定性分析的方法，一般是根据未来环境变化的估计，确定影响企业某一战略的若干重要的成本因素的变化趋势，得出几种备选方案供决策者选择。

3. 战略成本决策

战略成本决策是在战略成本预测的基础上进行的，战略成本预测和战略成本决策共同为企业战略规划提供决策信息，战略成本决策工作开展的好坏关系到企业战略选择的正确性。战略成本决策是成本决策理论与战略决策理论的有机结合。从广义上来理解，成本决策是指从提高企业经济利益的目标出发，将成本指标的高低与经济效益的大小联系起来考虑，从各种可行的方案中选择一个最佳的经营方案。

战略成本决策不同于战术成本决策。首先，决策服务对象不同。战略成本决策服务于企业战略规划，为企业作出正确的战略选择提供成本信息依据。战术成本决策服务于企业日常生产经营决策，是在企业成本计划执行过程中，为降低成本发生对各种措施作出的选择。其次，决策方法不同。战略成本决策是在战略成本预测的基础上，根据对企业内外部环境的分析，在保证企业战略目标实现的各个备选方案中对运行成本较低的方案作出战略选择的过程。战略成本决策注重企业的长期发展，与企业战略相联系，因此，其采用的方法更加偏重对企业未来竞争地位的影响，而且大部分是建立在定性预测成本信息基础上的分析。战术成本决策则注重企业短期发展，并且多数是针对具体的某项措施进行定量的相关成本分析。

（二）战略成本计划与控制

1. 战略成本计划

战略成本计划是企业为实现其战略目标，在企业战略成本决策的基础上，根据特定战略确定的对企业未来成本管理目标和成本管理行动的规划。战略成本计划是战略成本管理作为战略管理的支持系统而在成本计划方面配合战略计划而形成的，是企业未来成本活动的基本方向和衡量成本管理业绩的主要标准。从本质上说，战略成本计划是一种长期成本计划，是对成本计划时间跨度的拓展，并且在很大程度上与企业重要资源的投入和回收的周期是一致的。战略成本计划的时间跨度与企业战略计划的时间跨度基本上是一致的，一般为 5~10 年。

任何两种不同战略的实施都会对企业资源的配置有不同的要求，这里的资源包括人力资源、财力资源和物力资源。比如企业通过战略规划所定位的是低成本战略，那么企业在实施该战略时，就要求各个部门和各项价值活动都尽量地节约成本，并且把财力用于可以实现低成本战略的整合战略，或者用于扩大生产规模，实现规模经济；而如果企业确定的是差异化战略，那么，虽然成本管理很重要，但与低成本战略相比，成本也不应摆在最重要的位置。企业实施的产品开发战略要求投入大量的人力和财力以开发独具特色的产品，而成本的短期提高是为了得到更高价值补偿或者建立企业的竞争优势。可见，在不同的战略下，对资源的分配和对成本的管理标准是不同的，这也就是战略成本计划所要反映的两项主要内容：一是如何分配资源以配合企业战略的实施，充分满足企业战略优势建立的需要，协调各项价值活动以实现战略目标；二是确定评价影响企业战略实现的若干价值活动的成本驱动因素，并规定必要的成本标准，以反映评价战略实施活动的成败。

2. 战略成本控制

战略成本控制是对战略成本计划的延续，是对战略成本计划有组织、有领导的实施，即按照战略成本计划确定的方向、内容和目标，建立一套反映战略计划目标水平的实施标准，并对偏离战略成本控制标准的活动进行纠正，对不符合企业内外部环境的战略成本计划进行调整和修订，以保证战略成本管理目标的顺利实现。

战略成本控制系统由确定控制标准、衡量实际活动和纠正错误措施三部分组成。

首先，确定控制标准，这是以战略成本计划为依据的，这个控制标准是战略成本计划实施中对成本行为的规范，是衡量实际工作是否达到预期目标的手段。因此，确定科学合理的控制标准直接关系到控制工作开展的好坏，既要考虑到同战略计划的一致性，又要考虑保证企业内部资源和管理体系的要求，不能太高或太低，以充分有效地发挥其控制功能和调动员工的积极性为标准。

其次，衡量实际活动，是利用已经设定的控制标准对各项活动的实际成本行为进行分析，借以发现问题，为及时纠正偏差的措施提供信息支持。企业要安排专门的人员采取抽样调查、资料分析等方法从事这项工作。这一活动可以充分反映战略成本控制的动态特征。

最后，战略成本控制系统要对计划执行过程中的错误活动及时纠正，实施纠正错误措施。一方面，企业根据控制标准考察成本活动，并及时根据控制标准和分析结果指出活动实施过程的差错，分析差错产生原因并予以改正；另一方面，企业根据内外部环境的变化，对计划和控制标准进行调整，与更好的竞争环境和战略目标相一致。

战略成本控制系统的有效运行需要相应的组织支持，并且需要全员的积极配合与参与。建立适当的控制程序对促进控制工作的实际推行也有必要的辅助作用。

（三）战略成本管理的业绩评价

实施战略成本管理将对企业成本管理行为产生持久的影响。为了了解战略成本管理的各项活动是否产生了应有的管理效果，企业需要采用一定的方法对战略成本管理的业绩进行评价。

1. 确定业绩评价的对象

评价对象是实施业绩评价行为的客体，它是由业绩评价主体的需要所决定的。传统的成本管理评价主体从战术管理立场出发，重点在于对企业日常生产经营活动的管理，将企业内部经营单位划分为成本中心、收入中心、利润中心和投资中心四个类型作为业绩评价的对象，并对成本管理实践活动起到了较好的推动和指导作用。但是，战略成本管理已经取代了传统的成本管理。它是适应新的经济环境而配合企业战略管理对企业成本进行的管理，是由配合战略选择的战略成本预测与决策以及配合战略实施的战略成本计划与控制两项主要活动构成的。因此，传统成本管理的上述业绩评价对象就显得不够全面，不能满足战略成本管理业绩评价的需要。为了更好地与战略管理系统相联结，更好地考核战略成本管理对战略目标实现的贡献情况，我们可以将企业战略成本管理业绩评价对象划分为两方面：一是以从事战略成本预测和决策的战略经营单位为核心评价战略成本决策的业绩；二是以执行成本计划的各个职能部门为核心评价战略成本计划与控制的业绩。

2. 确定业绩评价的目标

不同的业绩评价目标对于所决定应用的评价指标和评价方法都有一定的影响。战略成本管理业绩评价的总体目标就是了解已经实施的业务活动结果对实现企业战略目标的贡献程度，并以此作为对实施者进行奖惩的依据，同时能及时反馈信息，以便企业制定或调整今后的战略。那么，针对两个不同评价对象的具体评价目标应当是：①对从事战略成本预测与决策活动的战略经营单位，能判断其对企业战略选择的成本导向作用是否恰当和有所贡献；②对执行战略成本计划与控制的内部各职能部门，主要分析评议计划执行结果的好坏以及对战略目标实现的贡献程度。

3. 设定评价的指标

评价指标是指为评价目标和评价主体的需求而设计的、以指标形式体现的、能反映评价对象特征的因素。传统的成本管理评价指标体系是建立在企业以降低成本为主要途径来增加利润的经营原则基础之上的，因此，评价指标主要是可以反映企业成本降低程度的财务指标。然而，战略成本管理以建立企业持久的竞争优势为经营目标，以对企业竞争优势的建立有作用为标准来管理企业的成本行为。所以，对战略经营单位来说，其需要分析影响战略成功的关键因素，依据这些因素的变化来衡量企业竞争力的改变，将影响企业战略实现的关键因素的定量或定性分析指标作为战略经营单位的业绩评价指标。例如，企业可通过对企业市场占有率的考察来评价企业战略成本决策的结果是否有利于战略的实现；对企业内部各职能部门来说，其评价指标主要是围绕成本计划的执行和完成情况调整确定的，企业可以以各执行部门的生产效率、产品质量等指标来评价其完成计划的情况和对战略目标的积极或消极影响。

4. 选择评价的标准

评价标准是判断评价对象业绩优劣的基准。评价标准在一定的社会经济条件下产生，随着社会的不断进步、经济的不断发展以及外部环境的不断变化，评价的目标和范围会发生变化，作为价值判断尺度的评价标准也会发生变化。评价标准是发展变化的，但是在某个特定的时间和范围内，评价标准应当具有相对的稳定性。对战略经营单位来说，业绩评价主要是对其战略成本决策效果进行评判，评价的主要指标是围绕企业竞争地位的变化而设定的，一般可以竞争对手的相关指标为评价标准。对企业内部各职能部门来说，评价标准主要应当是年度成本计划。

5. 收集评价相关信息

企业的信息包括财务信息与非财务信息、历史资料信息与预测信息及企业内部信息与外部信息等。是否能及时获得与评价对象有关的准确评价信息是决定业绩评价是否客观、公正的关键。因此，建立良好的信息输出系统，并能正确地理解、处理信息是评价业绩的重要步骤。企业可以通过建立日常报告制度及时收集战略成本管理业绩评价信息，或者根据具体评价对象的需要，通过市场调查、定期访问客户等方式获得评价指标所需要的具有针对性的信息。在日常报告制度中，企业应明确各种评价指标的计量方法、原始数据产生报告方法等问题。

6. 进行评价，得出结论

形成评价结论的过程就是对评价对象进行价值判断的过程，即对评价对象作出是否有价值、有什么价值、价值多大的判断。评价主体通过对收集到的评价信息的整理、分析，针对不同的指标，应用不同的评价标准，进而得出被评价主体和被评价对象都能接受的客观结论。对企业战略成本管理业绩进行评价，一方面，将企业在关键成功因素方面的量化指标同竞争对手的相应指标进行比较，判断企业的竞争地位，衡量企业战略的实现程度，进而确认战略成本决策所引起的结果在哪些方面有利于企业战略的确立和实现，同时对不利的影响进行修正；另一方面，将企业内部执行部门的各种指标与计划相比较，分析有利和不利差异，并确定产生差异的原因，这样既有利于扩大有利差异、缩小不利差异，又有利于提供对责任人进行奖罚的依据。

7. 编制业绩评价报告

编制并使用业绩评价报告，有利于有效发挥业绩评价系统的作用。业绩评价报告是反映企业战略成本管理业绩的评价程序、方法、标准、结论及结论分析等的书面资料。只有编制战略成本管理业绩评价报告，才能使企业各个部门、每个成员了解有关企业战略成本管理的执行情况以及未来的努力方向，这样更有利于战略成本管理的全面推行，符合战略成本管理要求全员参与、各个职能部门通力合作的指导思想。战略成本业绩评价报告要求有统一的格式，并且具备清晰性、可理解性及前瞻性。

第三节　环境成本管理及其业绩评价

可持续发展概念的提出使企业的经营环境发生了重大变化，为了满足政府部门制定和颁布的各种环境政策、环保法律法规，企业将不得不重视环境保护，这就不可避免地发生诸如环保设备购置、运行和折旧费用，环保技术引进和开发费用等环境成本。环境因素已经影响到企业的整个生产和销售流程，再考虑到环境成本的预期增长趋势，环境成本已逐渐成为企业成本控制不可或缺的部分，客观上需要对其进行核算和管理，以全面、客观地评估企业经营活动所面临的环境风险。与此同时，企业为了树立承担环境保护责任的良好公众形象，并与政府、公众、投资者等相关方沟通，以获得社会认可、提高客户忠诚度等长期利益，就必须披露自身在环境保护方面的努力和投入，其中重要信息之一便是企业所发生的环境成本。

一、环境成本会计的意义

环境成本是指本着对环境负责的原则，为管理企业活动对环境造成的影响而采取或被要求采取的措施的成本，以及企业因执行环境目标和要求所付出的其他成本。例如，避免和处置废物，保持并提高空气质量，清除泄漏油料，去除建筑物中的石棉，开发更有利于环境的产品，开展环境审计和检查等方面的成本。罚款、罚金和赔偿等方面的成本虽然被视为与环境相关的成本，但是不属于这一环境成本的定义范围。

环境成本会计系统的建立可以通过以下四个方面的作用，使企业更加有效地制定各类环境政策和环境决策。

首先，环境成本会计系统提供相关成本信息使企业了解并改进环境因素对生产流程所造成的影响，从而找出最符合成本效益原则且符合环保需求的解决方法，并设计出具有环境友好性质的产品及生产流程。

其次，环境成本会计系统使决策者获知他们所造成的环境成本。环境成本会计系统作为一项制度设计，有助于将相关环境成本信息传达给决策者，并对决策者的未来行为形成影响，经常和定期的环境成本信息有助于公司管理层对环境问题重要性认识的觉醒。

再次，环境成本会计系统可以增加管理者对环境成本的责任意识。尽管环境成本信息对决策者而言是一项有力的工具，但只有将环境成本分配给管理人员，且让他们承担责任，才能达到既定目标。环境成本信息本身就是一种机制，通过此项机制将管理者的日常管理活动与引起环境成本的活动结合在一起，如许多企业在内部开始征收使用环保设施（如废水处理、焚化炉、废弃物清理）的费用，在企业内部也落实污染者付费原则。

最后，环境成本会计系统可提供企业就符合环境保护标准所从事各项活动的相关证据，这些活动包括在政府规范下所必须要做的项目及企业的自动、自觉环保行为。

二、环境成本管理的解读

基于企业所采取的不同的环境管理战略，企业在环境成本管理方法方面也将有所区别：采取不合规战略、最低程度合规战略、超合规战略的企业，所考虑的环境损失成本和环境维持成本是既定的，所提供的是最基本的环境成本信息汇总，相应的环境成本管理属于消极性的事后管理；相反，采取积极性环保领先战略的企业，不仅对确定将要发生的环境成本（包括环境损失成本和环境维持成本）加以核算，而且在事先将可能发生的环境预防成本纳入生产经营决策，通过现金流分析对各种可能的采购方案、生产方案等进行最优选择，从而优化企业的价值链，实现企业价值的最大化，其环境成本管理是积极的和前瞻性的事先管理。

从企业可持续发展的角度来看，积极性环保领先战略考虑的环境成本更为广泛，与外部环境成本内部化的趋势相一致，有利于企业的可持续发展和长期环境业绩，再考虑到事先预防成本总是比事后弥补成本来得低，因此，与积极性环保领先战略相适应的环境成本事先管理法是企业的理想选择。除了符合企业长期管理战略外，环境成本事先管理法在管理过程和管理空间方面也有长处。

首先，从环境成本管理过程来看：环境成本事后管理法仅仅是对环境成本数据的归集和报告，不涉及价值链的优化，不会对企业的生产活动产生大的影响；环境成本事先管理法注重的是对企业整个价值链的分析，对企业的采购方案、生产方案等进行优化选择，会涉及企业的采购链、生产流程的再造，从而要求企业具备良好的环境成本核算和估计能力。

其次，从环境成本管理空间来看：环境成本事后管理法的着眼点在于现有生产过程中发生的环境支出成本，然而，在生产流程不变的情况下，环境成本降低的空间有很大的局限性，无法达到控制环境成本支出的目标，也不能避免企业发生巨额环境成本的风险；环境成本事先管理法则不然，它是在考虑环境成本支出的情况下对企业整个价值链的优化选择，从而环境成本控制空间可以有效增大，从长远来看，有利于实现企业环境成本最小化目标。

三、基于价值链理论的环境成本管理

第一，基于价值链理论的环境预测和决策分析方法。企业在投资决策中，可以利用环境影响评价所确定的主要环境因素，分析其对环境的可能影响，并进行定性和定量的分析，从而把环境因素纳入投资决策分析中，使企业对投资活动环境产生有利影响。根据价值链理论的要求，考虑到环境因素，预测与决策需要改变以往唯市场经济效率是瞻的原则，企业将出于自身意愿或客观要求在生产的过程中采用低排放的发展模式，并把价值链理念融入日常的预测与决策分析中，使环境成本成为影响企业预测与决策的重要因素之一。

第二，产品研发阶段的环境成本管理。减量化原则的要求属于输入端口控制，其主要目的是减少进入生产和消费过程中的物质和参量，在保持生产和发展的同时降低资源的消耗、减少废物的排出，使资源的消耗速度变慢，进而开发和设计出使企业环境成本符合整体社会经济利益和企业经济利益均衡的产品。从企业环境成本管理的对象来看，在此阶段应该研发和设计行为合理、规范企业全过程管理行为的环境成本，锁定生产和销售环节可能发生的成本，使企业在以后环节的环境成本管理有可遵循的框架。

第三，生产环节的环境成本管理。生产环节的环境成本管理主要从环境材料的采购和清洁生产两个方面进行。在生产环节利用环境材料进行清洁生产的模式，是从资源保护、合理利用、持续利用的思路出发，充分考虑生产前、中、后的节能、降耗、减污，寻求资源和能源的废物最小化的一种先进的企业环境成本管理模式，它将企业的目标很好地导向可持续发展的方向。

第四，在营销、分销和顾客服务环节的环境成本管理。在价值链的营销、分销和顾客服务环节，企业通过环境成本管理谋求环保效果和效益的最大化。企业应该树立绿色营销和绿色服务的观念，注重产品的环境质量，并强调产品本身的无害性，在一切营业活动中注重环保，绿色服务则要求将环境因素纳入设计和所提供的顾客服务中。

第五，要求环境管理会计重视资源寿命周期与使用方式。加强对产品有效寿命的管理，使产品的有效寿命期延长，也就延缓了废弃物的产生。最为常见的方式就是进行标准化生产，使企业甚至该行业生产的同类产品都具有可替换性。

四、环境成本管理的业绩评价

无论是环境管理战略，还是环境成本管理方法，最终的目的是对环境成本进行有效的管理和控制，但是最终成效取决于具体实施环境和实施人员。有鉴于此，企业推行的环境成本管理战略必须与其内部组织相结合，只有从企业层次上考虑环境成本管理，才能使相关环境决策达到最优，实现环境成本最小化目标。同时，企业推行环境成本管理战略还须调动实施人员即管理层的积极性，将环境保护因素纳入各类业绩考核，并妥善确定环境成本的资本化和费用化标准。

（一）内部组织结构

企业内部组织结构大体上可以分为集权式和分权式两类。权变理论认为，企业外部环境的复杂程度决定了其内部组织结构的复杂程度。如果企业内部组织结构与外部环境相适应，那么，企业处理外部环境事项的效率是最高的。随着环境因素的重要性日益提高，企业外部环境的这一变化必然要求其内部组织作出相应的调整。

在实行责任会计制度的企业，如果将环境成本纳入企业的成本管理系统，那么环境成本管理压力会下传到各责任中心。然而，环境成本的特点和责任会计的固有缺陷决定了环境成本管理要达到既定效果，企业必须建立统一的环境成本责任中心。

一方面，环境成本特点决定了建立统一环境成本责任中心的必要性。环境成本的特点之一是一体化，环境成本的发生贯穿企业的整个价值链，企业各部门，如采购部门、生产部门、售后服务部门等都会发生环境成本，更重要的是各部门发生的环境成本是互相影响的。一种是采购部门如果选取环保材料，则采购成本较高，但生产过程中所产生的污染或废弃物较少，从而生产部门的处理成本较低，最终售后服务部门的回收成本也较低；另一种选择是购买一般材料，采购部门成本较低，但生产过程中所产生的污染或废弃物较多，从而生产部门的处理成本较高，而售后服务部门的最终回收成本也较高。

另一方面，传统分散型责任中心的固有缺陷也决定了建立统一环境责任中心的必要性。在分散型责任中心下，各部门的环境成本支出是按照可控性标准来划分的，出于优化本部门环境成本的目的，各部门会向其他部门转嫁责任分配，从而出现环境成本在企业内部各个责任中心重新分配而整个企业的环境成本却没有降低的情况，同时也不能防止巨额或有环境成本支出的情况发生。

鉴于此，企业只有建立统一的环境责任中心，才能对环境成本作出科学规划，并协调各部门的利益冲突，消除单个责任中心的短期行为。不仅如此，统一的环境责任中心可以从长期着眼，将某些不可控的环境成本变为可控的。例如，采购部门本期购置原材料，可能导致生产部门后期发生环境成本，对此生产部门不能控制，而采购部门也不对此负责，而环境成本管理范围的扩大更有利于企业的环境成本管理。

（二）环境业绩评价

除了从内部组织方面适应环境成本管理的需要外，企业还需要将环境管理业绩评价纳入管理层的综合业绩考核体系，以此激励经理人员的环境保护动力，从而达到对环境成本的有效管理。

由于财务指标很难对企业环境活动或环境管理的长期经济效果予以衡量，为切实降低企业环境风险，环境责任中心的业绩评价需要更多地考虑那些与企业长期可持续发展密切相关的关键非财务因素，以便从总体上评价企业经营活动的环境影响。环境业绩评价需要考虑一些不可计量的方面，如环保法规的执行情况、内部环保规定、绿色产品开发成果等，但更重要的是从可计量角度来加以衡量的，企业环境业绩的非财务指标可以采用绝对量、投入/产出效率和废弃物再生利用三个方面的关键考核指标。

1. 绝对量

企业的资源消耗总量以及污染物生成总量能很好地显示企业和整体环境之间的关系。尤其是污染物生成总量，它是企业可能给社会和环境带来污染的最大量，将污染物总量控制在一定范围内是人类社会继续生存发展的根本保证，也是衡量该企业可持续发展能力的重要指标。

有鉴于此，一方面，企业需要设立资源消耗的总量指标，如原材料、包装材料、能源、燃料、水资源等消耗指标，同时设立基准值予以比较，说明由于绿色产品设计或生产流程再造导致的资源消耗减少，或是由于生产规模扩大而导致的资源消耗增加；另一方面，企业需要设立污染物生成的总量指标，污染物生成量主要指的是企业在生产经营过程中产生的废水、废气、废渣等有害物质的生成量，其中最重要的是温室气体的生成量。此外，企业可以编制污染物生成量的刚性削减预算，借此促使自身加大绿色产品开发力度以及采用清洁生产技术。

2. 投入/产出效率

除了污染物生成总量指标外，污染物相对指标有利于不同企业之间的比较，从而显示企业在资源利用和废弃物生成方面的进步和改善，最主要的指标就是企业的投入/产出效率指标，通过衡量企业生产活动与资源投入、废弃物产出之间的关系，有效显示企业经营活动和外部环境之间的互动关系。

企业生产活动的参数可考虑采用销售额，从投入方面来看，主要关注的是企业的资源利用效率，即实现更高销售额的同时尽可能减少资源消耗量，可考虑的指标是资源投入/单位销售额，具体如电力/单位销售额、燃料/单位销售额等；从产出方面来看，主要关注的是企业的相对废弃物产出，即实现更高销售额的同时尽可能减少废弃物生成量，可考虑的指标是废弃物/单位销售额，具体如废水排放/单位销售额、CO_2 排放/单位销售额、NO_2 排放/单位销售额等。

3. 废弃物再生利用

鉴于自然资源的有限性和耗竭性，提高资源利用率的重要环节之一是废弃物再生利用，即企业对生产过程中产生的有害废弃物进行处理，并生产出有价值的物品，一方面可以避免环境污染和保持生态平衡，另一方面也节省了自然资源，并且会给企业带来额外收益。因此，废弃物再生利用率也是企业可持续发展战略中应备受关注的指标，可考虑的指标有废水利用率、包装材料回收率等。

上述环境业绩方面的非财务指标具有一般非财务指标的弊病，即环境业绩在非财务指标方面的改进难以体现对财务收益变化的影响，即难以用货币来衡量非财务指标的改进。然而，从发展的角度来看，信息时代高科技的迅猛发展使非财务评价系统的建立成为可能，财务指标与非财务指标的有机结合将是企业业绩评价的总体发展趋势，环境业绩非财务指标也必将对企业具有财务指导意义，有利于实现企业长远利益的最大化。目前，从环境业绩评价的角度来看，为了促使企业各传统责任中心与环境责任中心相互合作，以降低企业整体的环境影响，有必要将各责任中心经理人员的报酬和上述环境业绩的非财务指标相挂钩。同时，由于上述环境指标数据产生于企业的各个责任中心，相应的收集和报告事宜应统一由环境责任中心负责。

环境成本具有强制性、突发性、一体性和增长性的特点。环境成本按其内涵不同可以分为广义环境成本和狭义环境成本，其他分类标准还有美国环保局、加拿大特许会计师协会、日本环境省等制定的标准。

从传统来看，环境成本核算可以采用制造成本法，现代的环境成本计算改进方法有作业基础成本法、生命周期成本法、完全成本法和环境质量成本法。

环境管理战略是指企业对环境管理的认识和采取的行动，可以分为不合规战略、最低限度合规战略、超合规战略和积极性环保领先战略。与环境管理战略相适应，环境成本事先管理法是企业环境成本管理的首选。同时，企业还须为环境成本管理做好制度和人员上的准备，即建立企业层次的环境责任中心，将环境保护因素纳入各类业绩考核。

第四节　质量成本管理及其控制分析

一、质量成本的内容

质量成本概念有一个产生、发展和完善的过程，这一过程与质量管理有着密切的关系。从发展的眼光定义质量成本，质量成本可以概括为企业为了保证和提高产品质量而支付的一切费用以及因没有达到质量标准而产生的一切损失之和。质量成本是全面质量管理的重要内容，是企业内部成本管理的重要方面，是产品成本的构成部分。质量成本一般包括预防成本、鉴定成本、内部故障成本、外部故障成本四项内容。

（一）预防成本

预防成本是指为了防止生产不合格产品而发生的成本。这类成本一般都发生在生产之前，而且这一类成本若发生，往往使故障成本下降。预防成本又细分为如下六个方面。

第一，质量培训费，指为达到质量要求，提高人员素质，对有关人员进行质量意识、质量管理、检测技术、操作水平等培训所支付的费用。

第二，质量工作费，指为预防、保证和控制产品质量，开展质量管理所发生的办公费和宣传费，为收集情报、制定质量标准、编制手册、质量计划、开展质量小组活动、工序能力研究和质量审核等所支付的费用。

第三，产品评审费，指新产品设计、研究阶段对设计方案评价、试制、产品质量的评审所发生的费用。

第四，质量奖励费，指为改进和保证产品质量而支付的各种奖励，如质量小组成果奖、产品更新换代创优奖及有关质量的合理化建议奖等。

第五，工资及福利费，指质量管理科室和车间从事专职质量管理人员的工资及福利费。

第六，质量改进措施费，指建立质量体系，提高产品及工作质量，改变产品设计，调整工艺，开展工序控制，进行技术改进等的措施费用（属于成本开支范围）等。

（二）鉴定成本

鉴定成本是指为检查和评定材料在产品或产成品等是否达到规定的质量标准所发生的费用。企业支出此类成本，是希望在生产过程中能尽快发现不符合质量标准的产品，避免损失延续下去。显然，此类成本的发生也可减少故障成本。鉴定成本又可细分为如下四个方面。

第一，检测实验费，指对进厂的材料和外购件、配套件、工具、量具以及生产过程中半成品、在产品及产成品，按质量标准进行检测、试验和设备维修、校正所发生的费用。

第二，办公费，指为检验、试验所发生的办公费用。

第三，检验设备折旧费及修理费，指用于质量检测的设备折旧及大修理费。

第四，工资及福利费，指专职检验计量人员的工资及福利费等。

（三）内部故障成本

内部故障成本是指产品出厂前因不符合规定的质量要求所发生的费用。这类成本一般与企业的废品、次品数量成正比。内部故障成本又可细分为如下五个方面。

第一，返修损失，指对不合格的产成品、半成品及在产品进行修复所使用的材料费、人工费。

第二，废品损失，指无法修复或在经济上不值得修复的在产品、半成品及产成品报废而造成的净损失。

第三，产品降级损失，指产品外表或局部达不到质量标准却不影响主要性能而降级处理的损失。

第四，停工损失，指质量事故所引起的停工损失。

第五，事故分析处理费，指对质量问题进行分析处理而发生的直接损失等。

（四）外部故障成本

外部故障成本是指产品出厂后因未达到规定的质量要求所发生的各种费用或损失。此类成本又可细分为如下五个方面。

第一，索赔费用，指产品出厂后，由于质量缺陷而赔偿用户的费用。

第二，退货损失，指产品出厂后，由于质量问题造成的退货、换货所发生的损失。

第三，产品降价损失，指产品出厂后，因低于质量标准而降价造成的损失。

第四，保修费，指根据合同规定或在保修期内为用户提供修理服务所发生的费用。

第五，诉讼费，指用户认为产品质量低劣，提出申请，要求索赔，企业为处理申诉所支付的费用。

二、质量成本的核算

质量成本核算是指以货币的形式综合反映企业质量管理活动的状况和成效，是企业质量成本管理的重要内容。质量成本核算应按产品形成的全过程，对发生的预防成本、鉴定成本、内部故障成本和外部故障成本等质量成本进行货币形态的计量。质量成本核算一般可以先由各核算单位进行，然后由企业财务部门进行统一核算。企业在进行质量成本核算时，既要利用现代会计制度，又不能干扰企业会计系统的正常运作，要按规定的工作程序对相关的科目进行分解、还原、归集。

（一）质量成本核算的账户设置

进行质量成本核算，可以正确反映质量成本预算的执行情况，有助于进行全面质量管理。质量成本核算还是进行质量成本报告与质量成本分析的前提和基础。但鉴于目前我国统一会计制度中没有专门核算质量成本的会计科目，只有在账务处理上采取一些变通措施。目前，有以下两种最常见的做法可供选择。

1. 单轨制

单轨制类似于以往的“废品损失”核算，而又不完全相同。从会计处理步骤上，其归集与结转相类似，但核算内容不尽相同。单轨制是在原有的会计科目表中增设质量成本一级科目，然后在它的下面设置预防成本、鉴定成本、内部故障成本和外部故障成本四个二级科目；各二级科目下还可按具体内容设置明细科目，也应同时设立相应的总分类账和明细表，即质量成本总分类账、质量成本预提费用明细账、质量成本鉴定费用明细账、质量成本内部损失费用明细账、质量成本外部损失费用明细账，从而把质量成本的核算与正常的会计核算结合在一起。单轨制最大的问题是与现行会计制度不相容，会计期末无法在资产负债表和损益表中进行反映。为了解决这个问题，质量成本应在生产成本、管理费用和营业费用等科目中进行分配。

2. 双轨制

双轨制即把质量成本的核算和正常的会计核算截然分开，单独设置质量成本的账外记录。质量成本数据来源于记录质量成本数据的有关原始凭证，主要指发生在一个报告期内的相关质量费用。具体来说，预防成本数据由质量管理部门及检验、产品开发、工艺等有关部门根据费用凭证进行统计；鉴别成本数据由检验和开发部门根据检验、试验的费用凭证进行统计；内部质量损失成本数据由检验部门和车间根据废品报告和生产返工等有关凭证统计；外部质量损失成本数据由市场、销售服务等部门根据客户的反馈信息进行统计。各质量成本控制网点单独核算相关质量费用。然后，各质量成本控制网点根据核算结果定期编制质量成本数据统计表，作为考评该网点业绩的依据。

（二）单轨制下质量成本的核算

目前，企业会计准则规定用于核算产品成本的成本费用类科目有生产成本和制造费用，而为了对质量成本所发生的费用进行单独考核，需另设一个质量成本科目进行核算。这样，目前会计制度中成本类科目生产成本中的废品损失、返修损失，制造费用中的检测试验费、办公费、检验人员工资，损益类科目管理费用中的质量工作费、质量培训费，销售费用中的索赔费用、退货损失、保修费用等，都应该汇集在质量成本科目中。质量成本科目借方反映质量费用的发生额，贷方反映分配转出数。当质量费用发生时，先汇集在质量成本科目，再根据质量成本科目汇集的费用编制质量成本报表，最后将质量成本的内容分别转往有关科目。

质量费用发生后，财务部门根据各分厂、处室传送来的质量成本信息等原始凭证，编制记账凭证，借记质量成本科目，贷记有关账户。月份终了，财务部门根据质量成本科目各明细项目编制质量成本表后，再贷记质量成本科目，将质量成本所核算的各项费用分别结转至成本费用等有关科目。

编出质量成本表后，企业应将质量成本的有关项目分配于产品成本中，并在此基础上进行质量成本分析，形成质量成本分析报告。质量成本分析报告包括对质量成本构成的分析及改进建议、对质量成本趋势的分析及改进建议、对质量成本效益的分析及改进建议、与质量成本目标的比较和差距分析等。

（三）双轨制下质量成本的核算

1. 建立质量成本核算体系

建立质量成本核算体系的具体工作包括：在企业内部按照质量管理工作内容及提高经济效益的要求，建立质量成本会计核算与管理的网点；制定质量成本计划及管理目标，决定控制、核算和检查的方法；明确核算范围，设计切实可行的内部原始记录，规定凭证的传递程序；由企业的全面质量管理办公室及财务科对各核算网点及时传递成本信息。

质量成本的各个项目要按照不同的性质，由财务部门会同有关业务部门制定各种原始凭证，按照费用内容要求，填制原始凭证，进行会计处理。如在生产中出现返修品时，相关人员就要填写返修品通知单。生产中出现废品经检验员检验，若证实无法修复，并决定按废品处理时，相关人员就要填写废品通知单，按照消耗工时和材料核算废品损失。因质量原因造成停工损失时，检查员应会同定额员、调度员等作停工损失记录，并进行停工损失核算。

2. 编制质量成本报表

为了反映企业某特定时期的质量成本构成情况，财务部门应于期末汇总编制质量成本报表。质量成本报表的主要作用如下。

（1）利用质量成本表提供的信息，有利于正确处理产品质量与产品成本、经济效益三者的关系。

（2）利用质量成本表提供的信息，有利于分析质量成本各构成项目之间的内在联系，实现质量成本总体控制最优化。

（3）利用质量成本表提供的信息，可提高企业全面质量管理水平。

（4）利用质量成本表提供的信息，有利于分析和考核质量成本管理的责任，推动企业内部经济责任制执行。

三、质量成本的控制

（一）质量成本控制的意义

质量成本控制就是依据质量成本目标，对质量成本形成过程中的一切消耗进行严格的计算和审核，揭示偏差，及时纠正，实现预期的质量成本目标，并进而采取措施，不断降低质量成本。质量成本控制是保证各项质量成本经营活动达到计划效果的手段，是质量成本管理的重要环节之一。因此，加强质量成本控制具有十分重要的意义。

首先，质量成本控制是质量成本管理的重要手段。质量成本管理包括质量成本的预测、计划、控制、核算、分析和考核等环节。在这些环节中，质量成本的预测和计划为质量成本控制提供了依据。而质量成本控制既要保证质量成本目标的实现，又要渗透到质量成本预测和计划之中。现代经营管理中的质量成本控制，着眼于质量成本形成的全过程。

其次，质量成本控制是推进企业全面改善质量管理和经营管理的动力。企业的全面质量管理水平对产品的质量成本水平有直接影响。实行质量成本控制，要求建立相应的控制标准和控制制度，并加强各项管理工作，以保证质量成本控制的有效进行。因此，实行质量成本控制，能推动企业质量经营管理工作的改进。

最后，质量成本控制是建立和健全企业经济责任制的重要条件，而企业经济责任体制又是实行质量成本控制的重要保证。实行质量成本控制，需要将质量成本指标层层分解落实到企业内各个部门和各个环节，要求各部门、各环节对质量成本指标承担相应的经济责任。因此，实行质量成本控制，可以促使职工主动节约消耗，降低质量成本，促使各部门、各环节经济责任制的建立和完善，从而保证质量成本控制的顺利进行。

（二）质量成本的日常控制

1. 建立质量成本控制系统，确定质量成本控制网点

质量成本控制系统就是企业以保证和提高产品质量及控制质量成本为目标，按照系统论、控制论、信息论的观点和方法，将产品质量及其成本形成全过程中各环节的质量职能组织起来而形成的一个有明确职责和权限、互相协调、互相促进的有机整体。

质量成本控制系统是在质量保证系统和成本控制系统结合的基础上建立起来的，其基本内容主要包括：确定明确的质量成本目标；按照产品质量成本产生和形成的全过程，规定企业有关部门在控制质量成本方面所应承担的职责和应有的权利；建立高效灵敏的质量成本信息反馈系统；建立质量成本管理部门；实现质量成本管理业务标准化和程序化等。通过建立质量成本控制系统，建立起从班组到分厂、处室的组织机构，建立质量成本核算和控制网点。

2. 建立质量成本分级控制和归口控制的责任制度

为了调动全体职工对质量成本控制的积极性，企业应在质量责任制和成本核算责任制的基础上建立质量成本控制责任制，明确各级组织（厂部、分厂、班组等）和各归口的职能管理部门（如财务、生产、技术、销售、物资、设备等）在质量成本控制方面的责任和权利。因此，企业应将质量成本计划目标按其性质和内容进行层层分解，逐级落实到各个分厂、班组和职能处室，实行分级归口控制。

一般来说，预防成本由质量管理部门归口控制，并分解落实到各有关部门（如技术、工艺、分厂等）控制。鉴定成本由质量检验部门归口控制，并分解落实到有关小组或个人。厂内损失由总工程师通过质量管理部门归口控制，并分解落实到各分厂、班组和有关处室。厂外损失由销售部门归口控制，并分解落实到有关班组。质量总成本由总会计师通过财务部门归口控制，并分解落实到有关职能部门。各个归口职能部门，既要完成其他部门分配下达本部门的各项费用指标，也要负责完成厂部下达的归口指标，并进一步将归口管理的

指标分解下达到有关执行单位和部门，即质量成本核算网点。这样就形成一个左右相连、纵横交错的全厂质量成本控制体系。

3. 建立高效灵敏的质量成本信息反馈系统

质量成本信息就是质量成本形成全过程中发生的各种信息。这些信息是进行质量成本控制的“神经枢纽系统”，是一切质量成本控制活动的依据。质量成本控制就是通过质量成本信息反馈来实行调节功能的。因此，企业必须建立一套高效灵敏的质量成本信息反馈系统。

质量成本反馈就是在质量成本控制系统的各个环节之间反向输送的情报。质量成本信息反馈按其来源以及信息流转的范围可分为厂内反馈和厂外反馈两大部分。

厂内反馈是指企业内部质量成本信息的反馈流转，如生产制造过程向设计试验过程所作的质量成本反馈，生产制造过程的后道工序向前道工序所作的质量成本反馈等。厂外反馈是指产品进入流通领域或使用过程后，市场或用户根据产品使用过程的质量成本情况提供的情报。这两个反馈在统一的质量成本控制系统内循环运动，不断推动企业工作质量和产品质量的提高以及质量成本的优化。因此，建立和健全质量成本信息反馈系统，就是建立质量成本控制系统的重要支柱。

四、质量成本的分析

1. 质量成本的分析方法

质量成本分析是指通过分析质量成本的构成比例、质量成本变动趋势以及产品质量对经济效益的影响程度等，找出影响质量成本的关键因素，主要为质量改进提供信息，指出改进方向，降低产品成本。因此，质量成本分析是质量成本管理的核心内容。进行企业产品质量成本分析，需要建立企业产品质量成本数学模型，步骤为：①找出与质量有关的成本因素（如退货、运输、报废、损耗、检验、人员、间接物料、品牌美誉度等）；②量化以上成本因素；③找出它们与总产品质量成本的关系和权重；④根据各成本因素进行分析，看主要的问题在哪里，从而找到更多的改善企业产品质量成本的方法。

质量成本分析一般包括：质量成本构成分析、质量成本变化情况（趋势）分析、质量成本效益分析、质量成本与其他相关指标对比分析、目标质量成本完成情况分析、质量成本灵敏度分析等。

2. 质量成本分析报告

质量成本分析报告包括：①产品合格率统计表；②查找本部门产品质量存在的问题，可以用直观图表找出其主要的质量问题；③分析产品存在质量问题的原因；④总结推广质量提高的先进经验；⑤通过质量分析会，找出差距，提出改进产品质量的建议；⑥质量分析报告应标明报告日期，应有报告人和部门领导签字。

第七章　财务管理与成本控制的创新发展探索

第一节　财务共享服务平台建设

“经济全球化的发展，共享服务在财务界的研究应用越来越被学者、企业重视。”① 财务共享服务是一种模式，企业将自身财务核算、资金收付等职能进行多单位、跨地域集中处理。该模式是一种以信息技术为载体，处理流程为核心，客户需求为导向的服务模型，力求通过集中基础业务的手段，形成规模经济，达到节约成本、提高效率的目的，该模式在大型企业中能起到降低运营成本、改变组织结构、优化企业的管理、提高内部流程周转效率的作用，给企业创造更大的价值。

随着生产水平的提高，社会经济的发展，企业也必须对内部流程进行调整来面对市场发展，而财务共享中心的出现，能有效地将公司内部流程理顺。一方面，统一财务数据，让财务数据口径变得更有可比性，更有利于业务经营数据统计，为管理者提供明确的发展方向；另一方面，财务共享中心将业务进行流程化整合，让公司得到更通畅的业务流程，提高企业的运行效率。当企业规模逐渐扩大，分离出各职能片区或者增加子公司时，也只需要在共享中心中增加分支，不需要进行子公司、职能片区财务单元的设置，从而降低公司运营成本，方便管理。

一、财务共享服务平台建设规划的原则

“为了提升企业市场竞争力，企业要充分践行财务共享服务理念，打造更加科学合理的财务管理体系，为企业财务综合控制水平的优化提供保障。”② 财务共享服务平台的建设需要遵循以下六个原则。

第一，循序渐进原则。财务共享中心建设时应遵循先易后难、试点先行、稳步推进、全面实施推广的原则。

第二，事权不变原则。财务共享中心各法人主体对本单位的资产所有权和使用权不变，对资产、负债和权益的管理和使用仍由本单位负责，对收入、成本、费用的管理和审批仍由本单位负责。各法人单位会计主体不变，各法人单位对本单位会计信息的真实性、完整性、合法性负责。

第三，收益性提高原则。财务共享中心建设的收益性主要体现在成本、效率、质量、

① 岳山岭，魏志丰 . 财务共享服务研究 [J]. 求知导刊，2018（30）：33-34.

② 林媛 . 财务共享服务下企业财务管理分析 [J]. 技术与市场，2022，29（5）：161-163.

服务、财务转型、企业扩张等方面。降低成本是建设财务共享中心最原本的诉求，也是财务共享中心效益的直接体现；借助流程再造和信息技术手段，财务共享中心在提升财务运作效率和快速支持经营需求方面成效显著；通过完整的绩效控制手段和统一规范的内控，财务核算的及时性、准确性显著提高；在服务方面，通过完整的绩效控制手段和统一规范的内控，财务共享中心的服务质量可得到明显提高；在财务转型方面，财务共享中心的职责、角色将逐渐向业务伙伴方向转型，共享服务对基础工作的专业支撑，使财务共享中心的角色拓展成为可能；由于共享服务显著的规模效应，共享服务可有效支撑企业的迅速扩张。

第四，安全性增强原则。通过全公司统一的作业标准和流程、统一的制度与信息系统、统一的资金管控与调度，降低风险，加强管控。

第五，标准与数据集中原则。保证财务共享中心成为全集团唯一的财务信息入口，实现固化业务内控点，是提高会计信息质量的基础。财务共享中心集中归集财务基础信息，实现全集团数据共享，以更及时、更准确地为管理部门决策提供数据支持。

第六，核算与管理分离原则。核算与管理分离主要指财务管理与核算会计平行管理，集团所属各法人主体及下属各单位保留财务管理机构和财务管理职能，撤销会计核算及出纳岗位，改核算单位为核算支持单位，保留财务管理核算支持岗位。在业务上由财务共享中心统一管理完成核算支撑工作。

二、财务共享服务平台建设规划的模式

财务共享服务平台的建设模式分为四种——集中模式、产业模式、区域模式和项目模式。

第一，集中模式。业务集中度较高的企业会建设集团统一的财务共享中心。集中模式就是在集团层面建设完全集中的财务共享中心，面向整个集团提供服务。

第二，产业模式。一些多元化的集团公司涉足很多行业领域，因此会建设产业财务共享中心。产业模式就是按照集团产业业态不同，建设为每个业态服务的不同财务共享中心。

第三，区域模式。建设区域模式的财务共享中心的集团公司比较常见。区域模式就是按照区域集中的原则建设财务共享中心，为区域运营单元提供服务。

第四，项目模式。集团企业为建设某一个特大型项目，通常会有众多二级单位、三级单位参与，这时围绕项目建立财务共享中心比较适合。项目模式就是以项目为服务对象建设财务共享中心，是参与特大型项目建设的多个法人单位为实现资金封闭运作、项目税务统筹规划而成立的财务共享中心。

以上的四种模式只是给出了一般性的分类，对企业来说，最重要的是制定与自身情况相符的顶层规划。各企业实际采用的建设模式与这四种模式可能会有一些区别，需要视各

企业的具体情况而定。

三、财务共享服务平台建设规划的选址

财务共享服务平台的建设选址需要考虑以下因素：

第一，成本收益因素。因财务共享中心建立而引起的企业组织架构、岗位职责、人力资源需求以及办公场所等方面的变化，使企业在选址时需要评估这个国家或地区的薪资水平、办公场所的购置或租赁成本、人员的安置和培训费用、员工的离职费等因素，并在全球范围内比较，以取得成本优势。财务共享中心必须考虑建设的成本和收益。

第二，人力资源因素。人力资源是财务共享中心选址时不可忽视的标准之一。一个国家或地区总的劳动力资源和技能水平决定了在此成立财务共享中心是否能找到符合岗位要求的员工，没有充足的劳动力供给，对以人力服务为特征的共享中心来说是一场灾难。

第三，当地环境因素。在选址时，当地环境是不可被排除在外的重要因素，它将影响财务共享中心运营的稳定性和时效性。基础设施、无线通信和公共设备等条件是否成熟会影响信息技术对财务共享中心运营的支持；特定的地区文化及惯例也会对财务共享服务产生影响。

第四，税收法律因素。为防范财务共享中心的运作风险，企业必须在选址时充分了解当地的税收和法律制度。比如一些国家为保护数据的安全性，限制原始票据出境和业务数据的传输，一些国家的外汇管理制度使财务共享中心的国际支付成为一大难题，甚至母公司对子公司的投资在获利后的资金回流都会受到影响，这些限制的存在都将阻碍财务共享中心的建立和运营。

第二节　大数据背景下财务管理的创新发展

近年来，随着信息技术以及网络技术的不断发展，大数据吸引了越来越多的关注，财务管理改革也刻不容缓。大数据下的财务管理依托于大数据技术，改变传统的财务管理方式，可以为企业创造更多的价值，但财务管理也面临着诸多挑战，财务数据的数量大且繁杂、财务数据处理技术的局限以及财务数据的安全系数较低等，都影响着企业财务管理的健康发展，如何创新财务管理思维应对大数据下财务管理的挑战，成为现代财务管理的难点问题。因此，探索大数据下财务管理的挑战与创新思维，具有十分重要的现实意义。

一、大数据背景下企业财务管理的机遇

大数据背景下企业财务管理发展的机遇，主要表现在三个方面，即提高财务信息的有

效性、大幅降低企业财务风险、打破部门之间的信息壁垒，其具体内容如下。

第一，提高财务信息的有效性。提高财务信息的有效性是大数据下企业财务管理的机遇之一。大数据的关键特征就是“海量数据”，挖掘海量财务信息数据，使数据信息的收集处理不断深化，有助于找到有价值的财务信息，提高财务信息的有效性，帮助财务分析和财务决策，从而制定出企业应对市场变化的策略。

第二，大幅降低企业财务风险。大数据下企业财务管理的机遇还表现在大幅降低企业财务风险方面。财务管理本身存在着一定的风险，大数据下企业财务管理，合理地利用大数据技术，对各种数据进行收集、统计并分析，可以找到企业经营活动风险较高的关键点，推进财会工作的优化配置，提前制订事前控制方案，为企业财务科学规划资源，从而大幅降低企业财务风险。

第三，打破部门之间的信息壁垒。打破部门之间的信息壁垒是大数据下企业财务管理的又一机遇。大数据下企业财务管理，各部门、各层级数据信息互联互通，各个部门组织架构之间进行了融合与集成，创造性、开放式地解决“信息孤岛”问题，各个部门协作共同分析数据，有利于财务管理工作的顺利开展。

二、大数据背景下财务管理的创新思维

企业财务管理要想在大数据环境下持续发展，必须运用创新思维，实现财务管理工作的飞跃。大数据下财务管理的创新思维，可以从以下三个方面入手。

1. 创新大数据财务管理系统

大数据时代为提高财务管理工作质量的作用不容小觑，面对财务数据的数量大且繁杂的挑战，创新大数据财务管理系统是大数据下财务管理创新的关键。大数据背景下，对企业财务管理而言，应帮助企业创建一个标准化的财务平台，通过建立大数据财务管理系统，促进财务管理更加规范化和科学化。

财务人员借助大数据财务管理系统，采集、分析、梳理和评价数据，这样从大量烦琐的信息中有效地获取相关信息数据，准确地评价企业的财务状况，分析当前企业生产运营存在的各种问题，从而准确预测企业和行业的未来发展趋势，对企业生产活动进行管理和调控，实现企业的统一经营和管理。

2. 创新财务数据的处理技术

创新财务数据的处理技术是大数据下财务管理创新的重要环节。为保证企业能准确地分析数据，在创新财务数据的处理技术方面，要把握好三个关键点：①提高企业对大数据技术的重视度，加大对企业财务管理硬件投入，如大数据的收集、网络通信、存储、计算

设备、可视化、可感知化器件等；②加速企业财务管理软件更新，可以通过建立新的财务管理体系，加强对网络财务软件的管理，与时俱进地进行企业财务管理模式的更新，定期完善、升级并严格评审，确保企业财务管理中大数据技术的前瞻性；③提高企业财务管理人员专业水平。对企业财务管理而言，建立高水平的大数据财务人才队伍，可以说是企业财务管理的有效保障。

在具体做法上，不仅要积极地引进大数据专业人才，还要对现有的财务人员进行大数据知识的培训，尤其是加强大数据综合处理和应用能力，建设大数据人才队伍，以便使大数据技术得到更好的应用。

3. 创新财务数据的安全管理

创新财务数据的安全管理是大数据下财务管理创新的有效举措。大数据背景下，财务数据置身于开放的网络，对财务数据的安全性予以重视，创新财务数据的安全管理，可谓财务管理的重中之重。

财务管理人员应提高安全意识，在使用互联网时将安全意识贯穿始终，提高财务安全系数。在具体做法上，一是数据备份必须是手动备份和自动备份相结合。自动备份效率快，即时性强，数据库服务器中有很多的数据库需要备份，为防止数据丢失，利用自动备份的高效便捷完成周期性备份，再定期将财务数据刻录到光盘里，做好永久性备份，从而确保数据的安全。二是财务人员之间进入软件工作，必须对数据库中的数据文件加密，并设置相应的权限，明确规划各财务人员的责任。此外，对财务数据的管理要设置专岗专人，一旦发现财务管理中的安全风险隐患，要及时排除，提高财务数据的安全性。

总之，大数据下财务管理创新是一项综合的系统工程，具有长期性和复杂性。在大数据背景下，企业财务管理既要抓住机遇还要直面挑战，重视创新思维的运用，结合企业的实际情况，创新大数据财务管理系统、创新财务数据的处理技术、创新财务数据的安全管理，积极探索大数据下财务管理的创新思维，在技术和组织上进行创新思维，才能最大化地发挥大数据在财务管理中的作用，不断提高企业财务管理水平，发展企业、壮大企业，推动企业进行转型和升级。

三、大数据背景下财务管理的智能化发展

在大数据时代，财务数据也从以前的单一记录整理而得出变成人工为主和网络相结合得出的多元化工作模式。在这样的背景下，财务智能化发展成为当前企业财务管理转型和创新发展的必然选择。财务智能化能帮助财务管理人员及时获取需要的信息，处理人工解决不了的问题，也能在大数据技术的帮助下为各行各业提供科学、合理的财务数据。这就要求当前的财务管理人员要对自己的业务熟记于心，认真做好自己的本职工作，还要具备

良好的信息素养，这样才不会被时代淘汰。

（一）财务管理智能化发展的特点

1. 共享性

现代大数据技术所具有开放性、全面性与共享性等特点，在我国各行各业的发展中得到了充分利用。在现代大数据技术下的财务管理也逐渐改变单一化管理模式，进而促使财务人员可以通过计算机网络开展财务管理工作，从而促进企业财务管理工作效率的提升，确保企业财务管理工作的有效开展。同时，企业内部的人资、物资等部门的所有数据不再通过公司财务人员手写记录，而是借用计算机系统网络进行储存、分类。换句话说，就是如今的电子文档代替了之前财务部门工作人员整理出的纸质资料。其中最大的好处就是不用在一堆纸质书刊里寻找到自己想要的数据，一个网络便足以连接企业财务部门的数据审查的通道。这样财务人员不仅获得了更多有用的外部信息，也促进了信息传播区域的增加。

2. 业务范围扩大

就企业财务管理工作而言，财务管理人员只需按照管理目标与管理对象加以确定，财务管理工作难度也会降低许多。而随着现代大数据技术不断引入企业财务管理应用之中，现在大多数行业都实现了自动化办公操作，所以财务管理人员也不会跟原来的财务工作人员在同一个地方工作，不仅将系统操作人员和财务人员的岗位相结合，与此同时，数据库的出现也打破了财务信息账本管理的单一化，这样财务人员也慢慢注重人员岗位和现代计算机网络的联系，从而促进企业财务管理工作更加高效，让信息交流范围得到扩大，也有利于促进业务范围与财务管理空间的扩大。

（二）强化财务管理智能化发展的策略

1. 提升管理人员的计算机技术应用能力

一个企业财务管理工作系统想要顺利运行，那全面、科学、可靠的财务数据是必不可少的。这些数据包括很多方面，财务及经营方面的是企业进行财务管理工作的重要环节。由此，在实际的企业财务管理工作中，企业财务管理部门为更好地发挥现代大数据技术的作用，主要通过招聘计算机技术应用能力较强的技术人员充当财务管理人员的形式，提高企业财务管理人员的综合能力。因此，在现代企业智能化财务管理的过程中，财务管理人员一方面要针对企业财务管理工作出现的问题采取有针对性的管理措施，提升财务管理工作的质量；另一方面，财务管理人员还应利用专门的信息管理软件，细致地核对公司账本数据，从而确保更好地发挥现代大数据技术的作用。

财务管理人员的专业素质水平的高低，直接影响着财务管理的工作水平的高低。这就需要每个企业的相应负责人要加强对财务管理人员的日常业务培训和理论自学，使其理论知识和专业技能得到逐步更新、补充、拓展和不断提高。同时还要加强企业财务管理人员的思想政治法律理论知识学习，使广大财务管理人员真正学法、懂法、守法。

随着当前金融经济改革的进一步推入深化，各行各业的财务管理业务也在不断发生变化，更加迫切要求企业加强针对财务管理人员的相关业务培训，不断强化提高人员业务素质，才能真正做好当前智能化财务管理的相关工作。

2. 利用大数据技术推行财务公开

相关负责人应该公开严格按照财务公开管理项目，做到全体职工和领导人应该都知道的财务尽公开，尤其是对企业重点项目资金投资、资金理财等重大财务事项公开要严格实行公司的财务管理制度，借助大数据技术定期公布最近一段时期企业财务收支预算情况。年底坚持定期与不定期财务公开相有机结合，常规财务工作按次公开，重大财务事项及时公开。公开发布方式以网站公开栏发布为主。公布的财务内容一定要完整，做到财务摘要项目明白，用工项目清楚，往来业务项目明细，使全体领导以及职工对每项财务收支都清楚明白，切忌随意隐瞒财务收入与其他支出。

财务管理人员在利用大数据平台对这些数据进行管理和维护的过程中，可以有效预防黑客攻击，从而确保信息储存环境不会遭到破坏。因此，只有加强财务信息流通与沟通工作，基于现代大数据环境下的企业财务管理工作才能实现创造性转化、创新性发展，进而提升企业财务管理工作效率。

综上所述，在当前我国特色社会主义法治市场经济体的蓬勃发展中，我国的企业都应该通过多元化途径改革创新当地财务管理模式，予以推动我国财务管理工作效率的不断提高。而财务管理人员作为我国现代智能化财务管理工作的服务主体，还要相应地不断加强学习财务管理知识与业务技能，提高自己的综合专业素质与财务管理水平，推动智能化财务管理相关工作的持续高质量健康发展，最终实现我国智能化财务管理的良性循环发展。

第三节　信息化时代企业加强成本控制的对策

当前，我国的市场经济体制已经较为完善，企业难以做到寡头垄断。对任何企业来说，都需要面对市场客观规律的影响，从而更好地解决资金问题。对企业来说，成本控制成为当前工作核心，但部分企业领导仍旧无法认清这一点，认为在企业的发展过程中，需要不断地扩大市场份额，从而获得更多的利润，但实质上，此认识存在一定的偏差。因为过度的市场发展，会造成资金链紧绷的情况出现，企业非常容易出现资金链断裂的情况。为了更好地解决资金方面的问题，当前必须做好成本控制工作，从源头控制资金的用途，从而保证资金使用效率的最大化。

做好企业人员思想的指导，保证成本控制理念的正确性，以更好地确保企业的成本控制工作发挥效果，必须强化成本控制理念。一方面，企业要对各级管理人员加强培训和教育，使其树立现代化的成本管控理念，充分认识到企业生产经营过程中成本管控占据的重要地位以及开展成本管控工作的必要性和重要性，其中培训内容不需要过于深奥，只要各个部门能了解成本控制的概念即可；另一方面，企业要自上而下地宣传成本管控理念，在各部门管理者的带领下，逐级渗透成本管控思维，使企业全员建立正确的成本管理与控制思想，从而增强管控意识，在日常工作中强化成本管控，提高成本管理水平，由此形成一个自上而下的认识体系。企业领导的带头作用，能让成本控制工作的推广消除阻碍，从而确保工作效果的进一步升级。

一、确定成本管理的目标，保证成本控制效果提升

对企业来说，成本控制的核心在于目标的调整。企业在制定成本管理和控制目标的过程中，要保证成本管控目标和企业长期发展战略相匹配，结合企业长期发展战略来编制企业成本预算，同步结合预算数据制定成本管控目标，使企业在不断实现成本管控目标的过程中，加快实现企业长期发展战略。总体来说，成本控制的目标应该是长期的，而不是短期的，要注重可持续发展和未来的协调性，而不能一味强化短期的成本控制工作。

同时，企业在经营发展过程中要注重细化成本管控目标，不仅要将成本管控目标分解到各部门，还要注重为各部门、各岗位员工分解相应的成本管控目标，促使各级员工都可围绕自身肩负的成本管控任务开展各项工作，有序加强成本管理，逐步实现成本管控目标。让各级工作人员都能进行责任认定，一旦出现问题，各级人员需要承担相应的责任，必要的情况下，还可以采用分配制度，保证责任落实到个人，方便出现问题以后的追责工作。

二、做好监督与控制，保证成本控制的执行效果

对我国的企业来说，领导层的权限过大，成了成本控制工作中的严重阻碍，领导几乎可以左右成本控制工作的所有操作，所以成本控制工作会因为领导不恰当的指令而彻底丧失效果。

一方面，企业要实时对比企业实际数据和监督数据，通过数据分析寻找监督中存在的缺陷和不足，及时加以改进与优化，确保监督工作与企业发展需求相符合。在监督过程中，对数据中不理解的地方可以和各个部门了解核实，保证对各个部门的实际掌控，从而提升监督效果。

另一方面，企业要利用现代信息技术构建信息化监督平台，让员工按照一定周期在平台中上报工作情况，监督人员通过分析上报数据对员工实际工作情况进行动态监督，以全面提升监督效率和质量。利用信息化平台，可以很好地实现信息的全面共享。

三、做好人才培训，强调高素质人才团队建设

对企业来说，成本控制工作意味着企业的资金使用效率会进一步提升，从而保证企业的可持续发展。但目前我国的企业没有实现成本控制体系的建设，是因为在自身的发展过程中，始终不重视人才团队的建设，即便是提出了成本控制强化的工作需求，也没有具体人员来执行，导致成本控制的工作难以发挥效果。目前来看，加强人才团队建设有以下两种方式。

第一，人才培训。培训可以分为短期培训和长期培训。

短期培训是人才培训的重点，对企业来说，能在最短时间内提升人才技能，才是其所需求的。因此，企业在发展中必须注重人才的全面强化，所以短期强化的实质是重点工作突击强化。在教师的人选上，主要是选择其他企业的顶尖人才，虽然其本身的知识水平不如大学教师，但是工作经验丰富，能让人才学习完成后，直接进入工作岗位，所以最符合企业的需求。而完成了培训以后，还需要进行考核，通过考试的，继续进入岗位工作，若没有通过考试，一般选择解聘处理。

长期培训一般作为增补部分，主要是因为市场变化情况比较大，企业的发展必须跟随市场的脚步，所以，成本控制工作人员也必须不断地强化自身的能力，学习市场中全新的内容。因此，当市场需求更新时，就需要开展相应的知识内容学习，聘请的以大学教师为主。这是因为全新的知识内容一般理论性较强，所以聘请大学教师最为合适。同样，企业也需要检查学习效果，但一般仅仅考察概念理解程度即可，也不会解聘工作人员。

第二，企业为了自身的需求，可以选择招聘合适的人才。人才的主要标准是具备基础的成本控制工作能力，能很好地完成工作任务。企业可以通过适当提升薪酬的方法来获取人才，并对人才进行考核，通过考核的，可以直接录用。成本控制部门的领导，一般采用猎头招聘的办法，通过高薪酬和优厚待遇打动顶尖人才加入企业。除此之外，在必要的情况下，还可以采用校企合作的方式为企业做好人才储备，保证未来始终不会出现人才短缺的情况。

综上所述，我国的市场经济已经逐渐完善，企业的寡头时代已经结束，单一的企业对市场的影响力大大降低，任何企业都必须面对市场的客观风险。因此，在我国的企业发展过程中，需要注重资金使用效率的最大化，不能继续盲目地扩张市场份额，这样会导致企业发展问题不断加深，所以，我国企业在发展过程中，需要加强成本控制工作。目前来看，其主要是通过高素质人才团队的建设，进一步强化成本控制目标，从而实现对成本的控制。

参考文献

[1] 冯科 . 投资管理 [M]. 北京：中国发展出版社，2009.

[2] 侯静茹，刘青 . 资本成本的影响因素及测算方法的改进 [J]. 全国商情（理论研究），2013（40）：46.

[3] 黄福 . 研发支出的归集与分配 [J]. 商业会计，2014（2）：56–57.

[4] 黄庆华，杜舟，段万春，等 . 财务共享服务中心模式探究 [J]. 经济问题，2014（7）：108–112.

[5] 黄湘，徐青原 . 供给侧改革下成本核算方法的最佳选择：分批法 [J]. 财会月刊（会计版），2016（12）：44–47.

[6] 黄泽文 . 企业项目投资管理面临的风险及应对措施 [J]. 财经界，2022（20）：65–67.

[7] 姜一涵 . 财务共享服务中心建立与会计信息透明度提升 [J]. 经济问题，2022（10）：120–128.

[8] 李闻一，郭惠芳，卢文 . 财务共享服务体验中心的设计与实践 [J]. 财会月刊，2020（7）：30–36.

[9] 李学峰，张茜 . 我国证券投资基金投资管理行为成熟性研究 [J]. 证券市场导报，2006（10）：52–57.

[10] 林礼谊 . 关于现代企业建立财务共享服务中心的分析与探讨 [J]. 中国内部审计，2022（1）：88–92.

[11] 林媛 . 财务共享服务下企业财务管理分析 [J]. 技术与市场，2022，29（5）：161–163.

[12] 刘欢 . 企业对员工履行的责任、员工心理契约、工作绩效影响研究 [J]. 中小企业管理与科技（上旬刊），2016（3）：27.

[13] 刘佳 . 国有企业项目投资管理存在的问题与建议 [J]. 全国流通经济，2021（33）：98–100.

[14] 刘建华 . 财务管理与成本控制研究 [M]. 长春：吉林大学出版社，2020.

[15] 刘璐，杨洋 . 企业决策中的成本性态分析 [J]. 中国商贸，2010（28）：75–76.

[16] 卢佳瑄，李峥 . 制造业企业生产要素成本现状与政策评述 [J]. 财会通讯，2021（8）：11–18.

[17] 罗仕英 . 企业筹资方式选择与优化探析 [J]. 中国市场，2021（13）：102.

[18] 马秀艳 . 小微企业筹资管理存在问题探究 [J]. 中国商论，2018（33）：105–106.

[19] 苗凯 . 财务管理目标与企业财务战略选择 [J]. 纳税，2021，15（29）：79.

[20] 漆凡 . 财务管理 [M]. 上海：立信会计出版社，2020.

[21] 王舰，陈建森，徐扬 . 财务共享服务中心构建问题再思考 [J]. 财务与会计，2020（19）：48–51.

[22] 王卫星 . 基于多学科视角的企业财务管理拓展与创新探讨 [J]. 会计研究，2016（11）：30–37.

[23] 王欣荣，唐琳，刘艺 . 财务管理 [M]. 上海：上海交通大学出版社，2018.

[24] 韦德洪，陈势婷 . 论智慧财务管理的内涵、外延、特点与应用 [J]. 会计研究，2022（5）：40–48.

[25] 谢志华，胡鹰 . 财务管理与支撑战略 [J]. 财务与会计，2022（13）：9–14.

[26] 邢聪，杨绍禹 . 区块链技术在航油公司财务管理中的应用 [J]. 财会通讯，2022（16）：135–140.

[27] 杨乐兴 . 基于要素资本理论的企业财务关系研究 [J]. 会计之友，2013（7）：14.

[28] 易纲 . 中国的利率体系与利率市场化改革 [J]. 金融研究，2021（9）：1.

[29] 余永亮 . 探析财务共享服务中心建设的实施方案与具体措施 [J]. 商业会计，2022（6）：71–75.

[30] 虞琳 . 企业筹资方式选择及优化探讨 [J]. 大众投资指南，2021（19）：32–33.

[31] 岳山岭，魏志丰 . 财务共享服务研究 [J]. 求知导刊，2018（30）：33–34.

[32] 张金斗 . 企业集团分权型财务管理模式的效用研究 [J]. 现代经济信息，2020（16）：60.

[33] 张婧 . 浅谈财务共享服务 [J]. 中国商论，2019（3）：163–164.

[34] 张庆龙 . 世界一流财务管理体系建设的作用分析 [J]. 商业会计，2022（13）：8–10.

[35] 张燕珍 . 财务共享服务下传统财务人员的转型 [J]. 中国商论，2017（15）：98–99.

[36] 张益奎 . 浅谈如何创造良好的企业财务环境 [J]. 知识经济，2016（20）：79.

[37] 钟淑贞 . 试析中小企业投资管理问题和相关对策 [J]. 商展经济，2022（2）：147–149.

[38] 朱琳琳，王芳 . 财务共享服务的实施要点浅析 [J]. 商业会计，2013（3）：128–129.

[39] 邹娅玲，肖梅崚 . 财务管理 [M]. 重庆：重庆大学出版社，2021.